国語科授業サポートBOOKS

「やりたい!」
「できた!」がクラスに
あふれる
小学1年の
国語授業
アイテム

吉田温子 著

明治図書

まえがき

　日本一人口の少ない鳥取県の，西部にある米子市の，様々な店舗が並ぶ「けやき通り」と，新しい家が次々と建つ住宅地を擁する，鳥取県では比較的賑やかな地域に，米子市立福米西小学校があります。

　私はこの学校に勤務して7年になります。この数年間，児童数が増え続け，今年度は600名を超えました。教室が足りなくて，増築工事の真っ最中です。

　この7年間，連続して1年生を担任しています。7年間ずっと，1年1組にいるので，1年1組の教室はいつしか「温子の部屋」と呼ばれるようになりました。

　他の学校での1年担任経験も入れると，15回目です。同じ学年を続けて担任させてもらうと，1年間の学習の流れがわかっているので，見通しがもて，教材研究に少しゆとりができます。その分，毎年いくつか新しい工夫をしようと思い，何かしら楽しい学習を考えました。1年間に2つ3つの工夫でも，7年も続ければ，それなりの量になります。この本では，その中から，国語で使ってきたアイテムをご紹介しています。

　私は「米子こども劇場」という，子どもと大人がともに活動する鑑賞団体の運営委員長をしています。プロのマリンバ奏者グループによる演奏を聴く例会をしたときのことです。子ども相手だからとおもねることのない，質の高いクラシック音楽の演奏に，小さな子どもたちまでも心を奪われた様子でした。その中でマリンバ演奏体験コーナーがあり，6人の小学生が緊張した面持ちで進み出ました。短時間のうちにマレットの握り方から基本的な鳴らし方まで教わり，最後には伴奏もつけてもらって1曲見事に演奏することができました。演奏者たちは，「音を外しても大丈夫。」と声を掛けて安心させながらも，6人それぞれに対し，鳴らすところをさりげなく示すなど様々な手立てを駆使し，経験のない子どもたちでも楽しく演奏できるように細やかな支援を行っていたのです。拍手を浴びて家族のところへ帰って行く子どもたちは，さっきまでの硬い表情が嘘のように，自信に満ちた輝く笑顔になり，「音楽って楽しい。勇気を出して挑戦してよかった。またやってみたいな。」という言葉が頭の上に見えるようでした。まさにそれこそが，演奏者たちが子どもたちに伝えたかった熱いメッセージだったのです。

　「私が国語でやりたいことも，これと同じだ！」と思いました。国語で教えたい内容はどれもすばらしい，価値あるものです。子どもたちの幸せを支える力となるものです。それをどの子も楽しく体験し，身につけ，「ああ，国語っていいな。もっと学びたいな。」と思える，そんな授業がやりたいのです。そして，そのための工夫は惜しまない，そんな国語の授業をめざして，伝えたい価値と1年生たちを橋渡しする手立てとして考えたのが，この本のアイテムです。1年生たちの笑顔のために使っていただければ幸いです。

　2020年1月

吉田　温子

もくじ

第1章　小学1年の国語授業づくり 7つのポイント

第2章　「やりたい！」「できた！」を引き出す 小学1年の国語授業アイテム

第3章 授業アイテムを活用した 小学1年の単元アイデア

第1章

小学1年の
国語授業づくり
7つのポイント

小1国語が，すべての学習の土台になる

1年生の学習が学校生活の土台を作る

　入学式の日，1年生は，期待と不安ではちきれそうです。この日から始まる長い学校生活が，どの子にとっても，楽しく，有意義なものになるよう，そして将来の幸せにつながる日々となるよう願わずにはいられません。そのために私たち教師ががんばらなくてはならないことは，なんといっても，力のつく楽しい授業を行うことです。特に，学校生活の土台を作る1年生の授業は，今後の学びを支える力をしっかりと育み，「学校が好き。勉強が好き。」と思ってくれるような楽しさに満ちたものにしたいものです。そして，「勉強は，自分を，みんなを幸せにしてくれるものだ。」という確信を育てることで，その後の学習に主体的に取り組んでいけるような心の動力源を1年生たちにもたせたいと思います。

国語がすべての学習の土台を作る

　言うまでもなく，国語は，すべての学習の土台となるものです。例えば，算数の学習で多くの子が苦手とするのは文章問題です。文章を正しく読み取る力がなければ，いくら計算が得意でも，問題を正しく解くことはできません。また，どの教科でも，教科書を読んで理解するには国語の力が必要ですし，様々な資料を活用する調べ学習にも読む力は欠かせません。理解したことや自分の思いを語って伝え，相手が話していることを聞いて理解し，さらに意見を交わして考えを深めていくことは，どの教科でも，主体的・対話的で深い学びのためにはなくてはならない活動ですが，これを実現させるのも，やはり国語の力です。感想や意見を文章に書く，これも国語です。国語は，すべての学習で，学ぶ力を保障し，学びを成立させる基盤となるものです。

国語が好きになれば学校は楽しくなる

　また，1年生にとって，週9時間ある国語の学習は学校生活の大きな部分を占めるものです。体育が好きな子は，週に3度の体育を，首を長くして待つわけですが，国語が好きな1年生は，学校で毎日わくわくして過ごせます。1日に2回も，どうかすると3回も「やったあ！」と思う時間が訪れることになります。逆に，国語が嫌い，と思ってしまうと，その子は毎日が苦痛です。

　国語が好きであるかどうかは，児童の学校生活の満足度，また学習への関心・意欲に大きく

影響するとともに，学力の質を大きく左右すると言っても過言ではないでしょう。

　学校生活の入門期において，国語の学習を楽しいと思い，意欲を感じ，できたと自信をもつことができれば，その後の学校生活への期待は高まり，学習に意欲的に臨むことができるのではないでしょうか。

子どもたちの言葉の力は落ちている

　一方，児童の言葉の力は，心許ない状況になっていると危惧を覚えるようになって久しいと感じます。生活経験が少ないこともあってか，語彙の少なさは年を追って目立ってきているように感じられます。言葉の意味がわかっているように見えても，突っ込んで聞いてみると実はよくわかっていない例は，枚挙にいとまがありません。言葉でうまく気持ちを伝えることができないために，友だちとトラブルを起こしてしまう子や，言葉の理解が不十分なために，指導しても不適切な行動を繰り返してしまう子も，毎年たくさんいます。

子どもたちを取り巻く言葉の環境は深刻になっている

　家庭的に様々な事情のある児童たちの様子からも，子どもたちの言葉を豊かにするためには，いろいろな人と多様な経験をともにしながら言葉を交わし，その体験の場に大人が寄り添って様子や感情を言葉にして伝える，やりとりの積み重ねが必要なのだということを実感しています。言葉を音声として流して聞かせていても，言葉の力はつかないのです。

　テレビやゲームの危険性を学ぶ授業を1年生の参観日に毎年行っており，その後の学級懇談で，以前は男の子のお母さんが「うちの子はゲームが好きで困っています。」と語っていたものですが，2，3年前から様子が変わりました。男の子に限らず女の子の保護者の方も，「動画を見始めたら止まらなくて…」とこぼすケースが急激に増えているのです。スマホに夢中になって，そばにいる子どもと視線も言葉も交わさないお母さん，お父さん…タブレットから離れられなくて，絵本を読む暇のない子ども…そんな光景はもう当たり前になってきてしまいました。これからますます，子どもたちの言葉の力が，深刻な状況になっていくであろうことが予想されます。

だからこそ国語の授業を工夫したい

　しかし，この現状は，同時に，豊かな言語環境を提供することで，子どもたちの言語能力を高めることができるという可能性をも示唆していると思います。

　1年生たちを取り巻く言葉の環境がけっして豊かとは言えないからこそ，私たち教師は，子どもたちが意欲的に学習し，力がついたと実感できる国語の授業を目指して，わくわくするような楽しい言語活動を取り入れた単元の構成を考え，言葉に関心をもてるような手立てを工夫したいものです。

1 まずは子どもの実態を把握する

何ができて何がわからないのかを把握する

　授業を考えるためには，まず，子どもたちの実態を把握することが必要です。7年間同じ学校で1年生を担任させてもらって感じたことのひとつは，毎年毎年，子どもたちの実態がとても違うということです。子どもたちが違えば，同じ授業をしても展開がまるで変わるということは珍しくありません。去年の子どもたちには通じた指示が，今年の子どもたちには通じない，そんなこともよくあります。できること，できないことを知るのが，授業作りの第一歩です。

ひらがなの読みの力を把握する

　1年生の国語の力の実態として，まず知りたいのは，ひらがながどれくらい読めるかということでしょう。鳥取県米子市では，1年生に「T式ひらがな音読支援」を実施しています。これは，鳥取大学・小枝研究室（小枝達也先生は現在，国立研究開発法人国立成育医療研究センター副院長・こころの診療部統括部長）が開発したもので，学期に1回音読確認を行い，基準に達しなかった児童にはタブレット端末を用いた読みの練習を行うというものです。「T式」は，ひらがなが読める，読めない，というだけでなく，一定の時間にどれだけ読めるかを調べるため，ひらがなは読めても文字の連なりを言葉としてすらすら読めないというつまずきも見つけることができます。読みの支援が必要かどうか，客観的なデータで判断できるので，重宝しています。タブレット端末によるトレーニングもたいへん効果を上げています。

実態把握にも配慮をする

　「T式」の音読確認は，ひらがなを一通り指導した6月末くらいに行うので，それまでは別の方法で実態を把握しなければなりません。読むことが苦手な児童，特に読字障害のある子の中には，読めなくてもみんなについていこうと必死で聞いて覚えるなどして，実は読めていないということが気付かれにくい，というケースもあります。そういう子にとって，みんなの前で自分が読めないということを明らかにされるのは辛いことですから，みんなの前で一人一人読ませる，というような確認の仕方は避けたいものです。最近注目され始めたHSP（Highly Sensitive Person「敏感すぎる人」）の子どもにとっても，みんなの前で一人で，というのはとても苦しいことなので，慎重にしたいところです。みんなで声に出してひらがなを読んでいるときなどに様子を観察し，気になる子は個別にそっと読ませて確かめましょう。

語彙力を把握する

　ひらがなの読みの他に，聞く力，読む力，話す力，文字を書く力，文を書く力など，国語の学習を組み立てる上で把握したい力は多岐にわたります。語彙力も把握しておきたい力です。大人は「当然知っているだろう」と思い込んで疑いもしないけれど，子どもは実は意味を知らなかったという落とし穴がけっこうあります。例えば，「花を摘む」の「つむ」の意味を，「どういうこと？　やってみて。」と問いかけたところ，はさみで切る動作や，切ったものをかごに入れる動作などをしていて，指先で挟んで取る動作で答えられる子がほとんどおらず，愕然としたことがありました。花を摘むという行動自体は日常生活の中でやっていたので，摘んだときに「いっぱい摘んだね。」などと言葉にして言ってくれる大人が周囲にいなかったのでしょう。この話を近くの保育園の先生たちに話したところ，「確かに，摘むって言葉，使ってませんね。」と言われ，次の年から多くの1年生たちが正しく「つむ」動作をするようになりました。イメージしている言葉の意味が大きくずれているのに読み取りの学習をしても，深まるはずがありません。授業の前に，言葉の意味を伝える手立てを講じなければなりません。

困っていると思われる子の力を把握する

　効果的な手立てを講じるためにも，最も困っていると思われる子の力をしっかり把握することが大切です。ひらがながどの程度読めないのか，聞いて理解することはどのくらいできるのか，場合によっては，慎重に保護者と相談して専門機関につなげ，詳しく調べてもらう必要があるケースもあります。聞いて理解するのは苦手だけど見て理解することは得意という子もいれば，その逆の子もいる，というように，子どもによって力は違うので，なるべく早く一人一人の実態を把握する必要があります。

得意な子の力を把握する

　困っている子にばかり注目して授業を作っていると，得意な子どもたちが退屈したり時間をもてあましたりすることも起きてしまいがちです。国語が得意な子たちがどれくらい力をもち，どんなことをしたがっているのかということも知っておくとよいでしょう。例えば，ひらがなが一通り読めて，書けて，「漢字が早く勉強したい。」と思っている子たちがいるようなら，さりげなく掲示物に後で学習する漢字を入れて読み仮名を書いておくこともできます。後述する「目を見てきくぞう」はその一例です。また，ひらがなの学習を始める際に，「ひらがなが読める，書けると思ってひらがなの学習を甘く見てはいけません。ひらがなを正しく美しく書くのは大人にとってもたいへん難しいことなのです。」という話をし，「本当に美しく書ける人はその難しさをよくわかっているので，『知ってるもん。書けるもん。』などとけっして言わないのですよ。」と釘を刺して油断を封じておくのも手です。

2 目指す資質・能力が 子どもにもたらす幸せを考える

単元でつけたい力を明確にする

　「年間指導計画にあるから，こんな言語活動をする。」というのでは，国語の力はつきません。なんとなく楽しそうに活動はしているけれど，それでこの時間にこの子どもたちは何を学んだのだろう，と，首をかしげたくなってしまうようでは困ります。また，「教科書に載っているから，この教材で，こういうねらいで学習する。」では，子どもたちがわくわくするとは思えません。学びたいと児童本人が思っていないのに，いくらよい発問を展開したところで，児童はついてきません。指導者がこの単元で子どもたちに国語のどんな力をつけたいのかをできるだけ具体的に把握することが大切です。学習指導要領の内容と子どもたちの実態とを照らし合わせて，「この単元の学習が終わったときに，子どもたちがこんなことができるようになっているといいな。子どもたちのこんな姿が見られたらいいな。」というところまで具体的にイメージできれば，しめたものです。そのためにはどんな手立てが効果的だろう，と，授業の工夫が浮かんできます。つけたい力が具体的につかめれば，あれもこれも指導しなくては，と盛り込み過ぎることも防げるでしょう。例えば，「この単元では，言葉のリズムを楽しみながら，五十音図を意識して言葉を集め，みんなで詩を作る，そんな活動を通して，語彙を豊かにできるといいな。言葉っておもしろいな，と子どもたちが思って，もっと言葉を探そうという意識が生まれたらいいな。」と考えて，「ここでは，いろんな言葉をたくさん書かせることをねらいとしているわけではない。今のこの子たちの力では，個々に書かせるより発表させて教師が黒板に書いた方が子どもたちがより集中して楽しめる。発表にまだ抵抗のある子や語彙が少ない子も多いから，ペアで相談させてみようか。」というように策を練っていけば，児童に不要な負担を強いることや余計な時間を掛けることが防げます。

その力がつくと今，どんないいことがあるか考える

　その力を獲得すれば，さっそく今の生活が何かしら豊かになるようであれば，こんなにすてきなことはありません。「この勉強をすれば，こんなことができる！」とわかれば，子どもたちの意欲は，いやが上にも増すことでしょう。それが実感できるような言語活動を設定すれば，子どもたちはわくわくしながら学習できます。ひらがなを1字ずつ学んでいる時期に，ある程度学習した文字がたまれば，学習したひらがなのカードを使った言葉作りに取り組ませているのですが，文字を学ぶたびに子どもたちは，「あ，あの言葉が作れる！」と顔がほころんでき

ます。濁音と半濁音の学習をしたところで，「今度から，『゛』や『゜』がつけてほしい人は先生に言ってね。」と言うと，それはそれはうれしそうです。ある児童は，担任が休憩時間にお便りを印刷するために職員室に行ったのが待ちきれなくて，選んだひらがなカードを大事そうに胸に抱き，緊張した面持ちで職員室に乗り込みました。混雑した職員室の中で担任を見つけてカードを差し出し，「先生！　これに，てんてんつけてください。」と言った彼の顔はとても誇らしそうでした。ひとつひとつ字を学ぶことで，言葉の世界がだんだんと豊かに広がっていくことを子どもたちは実感し，楽しんでいるようです。また，実際の生活の中で「あ，この前の国語で学習したことをさっそく生かしていますね！　すごい！」と指摘すると，子どもたちは自然と国語の学習を「これはいいものだ。」と感じることでしょう。授業で学んだ話し方や聞き方が他の教科で使える，学習した漢字が連絡帳で使える，など，意識して観察していれば，「これも国語で身につけた力だよね。」と言えることはたくさんあります。予め授業の導入で「生活の中でこんなことができるようになりますよ。」と伝えておけば，子どもたち自身も「あ，国語の力を生かしている！」と自覚することができます。

その力が，数年後のどんな学習に役立つかを知る

　今学習していることが先々どんな学習につながり，どんな力の礎になっていくのか知っておくことも大切です。そうすれば，今の段階でどんなことを押さえておいたらよいのか，具体的にわかります。学習指導要領で単元のねらいを確かめる際に系統表をチェックしたり，なかなか時間はありませんが，できれば他の学年の教科書を読んでみたり，機会を捉えて他学年の授業を見たり，といったことが役に立ちます。内容によっては，子どもたちに「今こんな力をつけておくと，上学年になったときにこんなことができるんですよ。」と話し，数年後に向けての見通しや期待を持たせることもできるでしょう。

その力が，将来のどんな力につながるかを考える

　さらに，この力が将来この子たちのどんな幸せにつながるのだろうと思い描いてみましょう。「きっと，いろんな人と話し合い，力を合わせて課題に立ち向かっていかなければならない局面に出くわすこともあるだろう。そんなとき，自分の思いを相手に伝えるためにはどんな順番で話したらよいだろう，と意識して話す力や，相手の言いたいことを落とさないように集中して聞く力は，必ず役に立つだろう。」というように。子どもたちがぼんやりと思い描いている将来の夢と結びつけて，それを語って聞かせれば，子どもたちの学ぼうという思いは高まることでしょう。また，「この子たちの将来の幸せのために，ぜひともこの力はつけなければ。」という授業者の心の熱は，直接それを子どもたちに伝えるかどうかにかかわらず，とても大切です。授業者の熱い思いは，授業に様々な言葉や手立てとなって熱を加え，いつか子どもたちの心に「学びたい」という灯をともします。

「やりたい！」と思える
アイテムを探す

子どもたちと，めざす力を結びつける

　子どもたちの実態がわかり，その子たちにつけたい力がわかれば，次にやることは，その力をつけるための手立てを探すことです。目の前の子どもたちと，めざす資質・能力，その２つを結びつけるものは何だろう，と考えるのです。それが，子どもたちがわくわくして，自ら「やりたい！」と思えるものであれば，きっと主体的な学びが展開できるでしょう。そんな魔法のアイテムをぜひとも見つけたいものです。

子どもたちがわくわくするものを探す

　これは生活科の例ですが，１年生だけで探検隊を組み，校内を探検する活動を考えたときのことです。まず探検隊ごとに担当したエリアを探検し，次の探検では各探検隊から１名ずつ集めた新たな探検隊を結成して校内全部を案内し合うという計画だったので，混乱を防ぎ，仲間意識を高めるため，探検隊の名前を決めさせました。まだ字が十分には書けない時期のことなので，隊の名前に因んだマークを考えさせ，それを何かに描いて持たせたいと思いました。「何に描いたらわくわくするだろう。探検のきまりも書いて，目につくように持たせたい。旗は振り回しそうで危ないし…」そこでひらめいたのが，当時大流行していたアニメの「妖怪ウォッチ」です。「妖怪ウォッチ」のデザインに近づけて探検のきまりや帰ってくる時刻の時計の針を記入した文字盤を印刷し，切り抜かせ，裏に隊のマークを描かせ，端にカラー輪ゴムを貼り付けて「たんけんウォッチ」のできあがりです。子どもたちは本当にうれしそうでした。手首にはめた「たんけんウォッチ」を誇らしそうに見ながら，隊で並んで探検していました。

ちょっぴり味付けしてみる

　させたい活動にほんのちょっぴり味付けを施すだけで，「させられている」という感じが「やりたい！」に変わることもあります。後述する漫画型ワークシートや「のりものミッケ」は，学習活動自体は，よくある吹き出し型ワークシートや，教科書通りの表型ワークシートと全く変わりません。でも，そこに子どもたちの大好きな「漫画」「ミッケ」という魔法の味付けをすることで，一気に「やってみたい！」という気持ちが急上昇します。「のりものミッケ」に至っては，ただ表型ワークシートを印刷し，「のりものミッケ」という表紙をつけて綴じただけに過ぎませんが，子どもたちは目を輝かせます。

アイテムが子どもたちに合うか検討する

　アイテムを選んだところで，本当にそれが学級の子どもたちに合うかどうか検討しなければなりません。「苦手な子にもできるか。得意な子も楽しめるか。子どもたちが好きだろうと思っているけれど，実は自分が好きなだけではないか。」などです。後述する「じゃむのれしぴをきいてつたえよう」のように，食物アレルギーなどについても配慮しなければならない場合もあります。また，保護者に協力を求める場合，「協力してもらえそうか。してもらえなければどうカバーするか。」など，学級の子どもたちの実態に照らして検討しましょう。

アイテムが活動のねらいにふさわしいか検討する

　また，「これはいける！」と思ったアイテムが，本当に活動のねらいを達成させるのにふさわしいかどうかも，冷静に検討する必要があります。例えば，漫画型ワークシートが，どの物語の読み取りにも通用するとは思いません。「サラダでげんき」は，会話文を書き抜かせたかったので，ねらいにぴったりでしたが，様子を表す言葉に注目させたい場合には不向きではないかと思います。いくら楽しいアイテムを思いついても，「楽しそうだからやってみよう。」では十分な力はつきません。アイテムありきではなく，あくまでも，「この子どもたちにこの力をつけたい。それに合うアイテムは？」と考えるのが順序です。

日頃からアイデアをためておく

　ヒントは様々なところに眠っています。一見学習と結びつかないようなところにまで広くアンテナを張っておくと，意外なところでひらめくこともあります。関係ない本も読んでみる，新聞記事を切り抜いておく，テレビの情報を心に留めておくなど，いろんなことが役立ちます。生のお芝居やコンサートは，ヒントだけでなく，人の気持ちを引きつけるプロの技が満載で，お勧めです。100円ショップで見つけた材料がひらめきを生むこともあります。生活の中で常に「これ，学習に使えないかな？」と意識しておけば，転んだってただでは起きません。飲酒運転の車にぶつかられ，病院に運ばれたときのことです。幸い，けがはたいしたことはなかったのですが，人生初の救急車の中で，私は打撲の痛みに耐えながらも夢中で考えていました。「この体験はどんな授業に使えるかな？」と。「救急隊員の頼もしい仕事ぶりは，社会科はもちろん，道徳でも使えないかな？　傍若無人なやじうまの話は，日常生活の指導にぜひ使おう。国語では…」結局このときは，当時担任していた６年生に，国語で，相手の意図をつかみながら話を聞き，さらに理解を深めるために質問をする活動をさせたときに，練習用の題材として事故の体験談を使いました。６年生たちは，この学習で培った力を，修学旅行先の広島で原爆被害者の語り部さんに少人数でお話を伺ったときや，人権学習でフィールドワークをしたときなどに，大いに活用しました。アンテナを立てた教師は，ただでは起きないのです。

4 「できた！」「もっとやりたい！」と思わせる

国語の「できた！」をめざす

ときどき，「体育や音楽や算数は，『できた！』が見えやすいけど，国語は，見えにくい。だから，苦手だという人が多いのだ。」という意見を聞きます。そんなことはないよ，と思います。「『できた！』が見えにくい」のは，何ができていなくて，何ができるようになろうとしているのかを，子どもたちと共有していないからだと思うのです。現時点で何ができていなくて，この単元でめざしているゴールは何で，この時間のめあては何で，ということが子どもたちにわかっていて，その時間の終わりに，できなかったことができるようになったということを自覚させれば，国語も「できた！」と思えるはずなのです。

ということは，「できた！」と思わせるためには，まず，その時間のめあてをしっかり子どもたちに伝えることが大切です。そのめあては，子どもたちにも「できない・できた」がわかる，具体的なものが望ましいです。子どもたちの発言から導かれた，子どもたちの思いに寄り添うめあてであれば，なお効果的でしょう。「すごろく型学習計画図」（p.64）を使って，単元全体のめあてや，その大きな流れの中で本時はどんな意味をもっているのかを伝えたり，「ふりかえりカード」（p.82）で本時は具体的に何ができればよいのかを理解させたりすると，学習後の「できた！」がいっそう実感を伴うものになります。

小さな成長や「できること」を見つける力を磨く

「這えば立て，立てば歩めの親心」と言いますが，人は，できていることや，できるようになったことは当たり前だと思いがちで，まだできていないことにすぐ目が向いてしまいます。それは，自分自身に対しても同じです。言葉を使うということは，あまりにも日常のことなので，誰でも当たり前のようにできると思い込んでしまいます。とりわけ「話す・聞く」はそういう傾向があると思います。そのあたりが，「国語は，『できた！』が見えにくい」と言われる所以なのかもしれません。そこで，小さな成長や，当たり前のように思える「できること」をめざとく見つける力を磨くことが大切になります。「あの子は今，メモにないことを付け足して話した！」「うなずきながら聞いている！」「さっきの音読と声の感じが違う！」「この子は直された字を丁寧に書き直すなあ。」など，「できた！」を見つけようと，まずは意識しましょう。

できたことをその場で指摘する

　見つけたことはなるべくすぐ，その場で伝え，力がついたことに気付かせましょう。例えば，物語を読み取り，音読で表現する学習をして，最後に「わかったことが伝わるようにみんなで音読しましょう。」と指示をしたとします。そのとき，子どもたちの音読を，全神経を研ぎ澄まして聞きます。授業の最初にした音読と，どこか変化していないか，子どもたちの声の中に，学んだことを声で表現しようとしている兆しは芽生えていないか…見つけたら，即，「ストップ！」と声を掛けます。「今の言葉，大きな声で読んでいたね。今日みんなで見つけたことがすごく伝わってきたよ。最初に音読したときと全然違う！　すごい！」などと具体的に指摘し，「もう1回聞きたいなあ！」と言えば，さっきよりもっと意識して表現しようとする子が増えることでしょう。またすぐにストップをかけて「わあ！　すごい！　まるで〇〇が言っているみたい。」などと伝えてから，再度，今度は最後まで読ませれば，子どもたちも「授業の最初と音読が違う！　力がついた！　できた！」と実感しながら音読することでしょう。

できていることをどんどん伝える

　机間巡視は，できていることを伝える絶好のチャンスです。ひらがなをワークノートに書いているのを見て回る際，口を休ませてはもったいないです。「背中が伸びてる！　だからきれいな字が書けるんですね。」「どんどん字がきれいになると思ったら，手でノートを押さえて書いていますね。」「足が床についてる。きっといい字が書けますよ。」「すごい！　さっき勉強したことに気を付けて書いてるね。」授業中，教師の口は，子どもたちに「できているよ。できたね。」と指摘するためにあるものと心得ましょう。

「もっとやりたい！」と思わせる

　学習活動をその時間だけで終わらせるのではなく，もっとできるような手立てを講じると，子どもたちの意欲はさらに高まります。「今日の音読は勉強したことが伝わってきてすばらしかったから，ぜひおうちの人にも聞かせてあげてね。きっとびっくりされますよ。」「もっとやりたい人は，家でやってもいいですよ。できたら，見せてね。」などの声掛けは，家庭での自主的な学習につながります。ワークシートやカードを余分に用意しておいて，いつでも使えるようにしておくのもよいでしょう。なお，早くできた子が「できました。」と言ってからあわてて次の活動を考えるのではなく，授業を考える際に，早くできたら次に何をするのかということを予め考えておくとよいでしょう。確かめる，教え合う，というのは常にさせたい活動です。得意な子を苦手な子の隣の席にして，手本を示したり教えたりしてもらうのは双方にとって力を伸ばすことになります。早くできた子がどんどんできる活動を設定しておき，黒板に示しておくと，担任は時間のかかる子に落ち着いて支援ができます。

ポイント 5 一番伝わりにくい子に伝わるように伝える

一番伝わりにくい子を意識する

　子どもの実態を把握したら，一番ひらがなが読めない子，一番聞くことが苦手な子など，一番伝わりにくい子を意識して授業を考えていきます。授業を考える際には，指示の仕方，課題の量や内容，活動の時間配分，支援の方法などをその子たちに合わせて配慮します。困っている子たちの力に合わせて指示をすれば，その子たちだけでなく，他の子どもたちにもわかりやすくなります。わかりやすい授業になれば，子どもたちは安心して学習に集中できます。

ひらがなが読めない子のことを考える

　もし，ひらがながあまり読めない子が学級にいることがわかれば，授業だけでなく日常の全ての指示において，読めない子がいるということを念頭に置いて配慮する必要があります。一番読めない子にも伝わるように，絵や写真，実物を使って指示する（p.32），黒板に書く文字をぎりぎりまで減らす，動作で演じながら示す，話し言葉で伝える，などの工夫が考えられます。どの子もひらがなが読めることが確認できていたとしても，油断は禁物です。清音は読めるが濁音になるとてんでだめ，拗音はお手上げ，という子もいます。そんな子がいれば，あえて学習のためにそういう字の入った表示を作ることもあるでしょうし，場合によっては黒板の指示の言葉をなるべく濁音や拗音の少ない言葉に置き換える配慮が必要なこともあるかもしれません。また，ひらがなは読めるけれど，いわゆる拾い読みのレベルで，「ぷ，り，ん？　と，を，な，お，す？」などと読んでいるうちに訳がわからなくなってしまう子もいます。そんな子は，黒板にびっしり書かれたら途方に暮れ，読もうとする気をなくすことでしょう。自分が，ほとんど読めない言語圏の国に行って生活したら，どうしてほしいと思うだろうかと想像しながら，どの子も安心できるように指示を工夫しましょう。

聞くことが苦手な子のことを考える

　聞くことが苦手な子もいます。そんな子がいる場合は，視覚的な支援を意識的に使い，話すときにはなるべく短く，わかりやすく話すよう心がける必要があります。どんな言葉を選べば，1年生たちに伝えたいことが間違いなく伝わるのか，ひとことひとこと，言葉を選びながら話しましょう。大事な言葉は特にゆっくりはっきり言う，もう1回繰り返して言うなどの工夫が考えられます。自分の話し方で本当に伝わっているのか，録音してチェックすると効果的です。

なかなか集中できない子のことを考える

　話を聞いても伝わりにくい子の中には，集中がなかなか続かない子もいます。そんな傾向の子がいることがわかっていれば，いきなり話をしないで，まず学級全体を集中させ（p.30），静かな状態を作ります。机の上の教科書や筆箱も，必要なければ引き出しにしまわせたり予め決めておいた場所に閉じて重ねて置かせたりして，気が散る要因を減らします。（私は机の左端の，名前シールが貼ってあるところを「基地」と名付けて，授業中，学習用具はそこに置かせています。ときどき「基地にきちんと置いてありますか？」と聞きます。）大切なことを話すということを伝え，集中が続いているうちに「目を見て聞いているね。」などと勇気づけ，視覚的な支援も駆使しながら短く話しましょう。

理解に時間がかかる子のことを考える

　理解に時間がかかる子たちもいます。どうしたらその子たちの腑に落ちるか，考えてみましょう。説明文「どうやってみをまもるのかな」で，動物の身の守り方のすごさを知っている筆者が言葉を選び抜いて説明していること，そして説明文のすばらしさを理解させたいと考えました。そのためには「やまあらしのせなかには，ながくてかたいとげが」「うしろむきになって，とげをたて」といった言葉を読み取らせ，「やまあらし，すごい！」と思わせたいところです。一番理解に時間がかかりそうな子に「ああ！」と納得させるには…そこで，黒板にやまあらしらしき絵を描いて，「とげがあるんですね。」と，短いとげを描き足しました。「違う！　長いとげ！」と大騒ぎです。「本当？　なぜわかるの？」「絵に描いてあります。」「じゃ，説明文を書いた人はそんなこと知らないのね。」「違う！　ここに書いてあります。」「えっ！　そうなの？」長い，ふにゃふにゃのとげを描きました。「違う！　かたいって，ここに，書いてあります！」書いてある事柄を理解することが苦手な子たちも，大騒ぎでした。自分たちが見つけたことが，言葉で説明されていることに気付き，「これ書いた人，すごい！　説明文，すごい！」と，みんなで感動したのでした。どの子にも「なるほど！」と思わせるために工夫した授業は，みんなで盛り上がれる楽しい授業になります。

連携して支援する

　支援のための先生が教室に入られる場合は，その時間のめあて，支援が必要な子に何をどの程度させたいのか，そのためにどんな支援がしてほしいのかなど，予め共通理解をしておくことが大事です。自分一人で30人を支援しなければならないときは，子どもたちの力を借りるのもよい方法です。教える側の子にとっても，教えることは，何より身に付く学習方法です。子どもたちにも，どんな協力が相手の力になるのか伝えておく必要があります。「お手本を見せるのはいいけど，代わりに書いてあげるのは力がつかないよね。」といった具合です。

見るもの聞くもの全てが教材と心得る

身のまわりの言葉全てが教材と心得る

　国語が「言葉による見方・考え方を働かせ，言語活動を通して，国語で正確に理解し適切に表現する資質・能力を育成することを目指す」教科である以上，子どもたちの身のまわりにある言葉は全て教育環境を成すものとなります。教室が少しでも語彙を豊かにする場になるよう工夫する（p.40，44）など，意識してその環境を整えたいものです。子どもたちにとっては，授業で学ぶ言葉だけでなく，見るもの聞くもの全てが教材と心得ましょう。

書き言葉に気を配る

　近年，教室の掲示物の文字がすっかりパソコンのものになってきています。きれいで，データを残しておけば何度でも手軽に作れて，手直しも簡単で，便利この上ないので自然とそうなります。でも，子どもたちが将来，冠婚葬祭で記帳することや，色紙に座右の銘を，と求められることだってあるでしょうし，災害時に手近にある紙に手書き文字で重要なお知らせを記すことだってあるかもしれません。以前，不良を気取ってバイクを乗り回している少年がヘルメットに書いた「極悪」という文字があまりにお粗末で，不良になるためには書写をがんばらないといけないんだな，と思って笑ってしまったことがあります。息子に教えてもらった笑い話で「廃墟となった病院を探険していたら，壁に血文字が！『祝ってやる！』」というのがあります。幽霊になるにも「呪い」という漢字が正しく書けるくらいの力は必要だというわけです。目的に合わせた文字で，正しく書ける力を育むためには，やはり教師自らが手書き文字を見せることも大切ではないでしょうか。できれば，筆文字の魅力も美しい文化として伝えたいところです。「字には自信がない」という方もいらっしゃるかもしれませんが，私も実はその一人です。中学生の時に国語の先生に「おまえの字は学年一下手だ。幼稚園児の字だ。」と宣告された筋金入りです。でも，長年，子どもたちに一所懸命教えているうちに「先生の字，きれい。」と子どもたちにほめてもらえるようになりました。教師が心を込めて書こうとする姿そのものが，何よりの教材だと思います。

話し言葉に気を配る

　教師同士で「板書の字がきれいですね。」「私は字がなかなかきれいに書けなくて。」といった会話をしたり，板書の文字の大きさ，色の選び方について授業研究会で検討したりという経

験はたくさんありますが，それに比べると話し方はあまり話題に取り上げられないような気がします。私たち教師は話し方についてあまりに無頓着過ぎるのでは，と思うのは私だけでしょうか。でも，子どもたちが日常生活でより多く触れるのは話し言葉，書き言葉，どちらでしょう。圧倒的に話し言葉ではないでしょうか。教師がひとこともしゃべらないで板書だけで済ませる授業も，のどを痛めて声が出ないときなどにあるかもしれませんが，一文字も書かないで終わる授業はそう珍しくないと思うのです。研究授業で教師が黒板に書いた文字の量は写真1枚に収まりますが，話した言葉を一言一句書き起こせば，どれだけの量になるでしょう。どう考えても，日常の話し言葉は書き言葉よりも遙かに教材たり得ると思うのです。ＮＨＫのアナウンサーが，災害時の緊急放送の際に，どんな言葉をどんな調子の声で話せば，聞いた人を救うことができるのか，日頃から考え，鍛錬しているという話をされているのをラジオで聞き，はっとさせられたことがあります。日々，子どもたちの心を育む仕事をしている私たち教師も，同じくらい真剣に言葉の選び方や声の出し方に取り組む必要があるのではないでしょうか。

話す言葉だけでなく声の出し方にも気を配る

　言葉は，大声で怒鳴れば届くというものではありません。私は趣味で演劇をしているので，声の出し方や話し方の練習をしています。学習発表会の劇を練習するとき，1年生に「怒鳴るより，声を響かせ，体育館の後ろの人に届けるつもりで話した方がうまくいく」ということを実演してみせると，声の出し方が，ぱっと変わる子もいます。のどに負担をかけない発声の仕方を身につけると，体育館で何百人もの児童に話をすることも，校庭の端から反対の端にいる子を呼ぶことも，楽にできます。声のトーンや強弱，速さ，間の取り方などを使い分ける工夫を駆使すれば，話し言葉で，話している内容以上のメッセージを子どもたちに伝えたり，やる気や落ち着きを導いたりすることも可能です。そして，そういった声の技能は，日々，子どもたちがお手本とし，耳から吸収しているのです。

方言についても意識する

　方言は豊かな話し言葉の文化です。でも，違う地方の人と話して「えっ，これって方言？」とカルチャーショックを受けることは地方出身者にはよくあることです。ましてそれが文法上の特性だと，「ら抜き言葉」のように間違いと見なされてしまうこともありますし，アクセントの違いで会話に誤解が生じることもあるでしょう。私は鳥取方言を明治生まれの曾祖母から受け継いだ鳥取方言の名手と自負しており，こよなく愛する鳥取方言を守るべく，今も積極的に「しゃべりょうる」（鳥取県東部の方言で「しゃべる」の現在進行形）のですが，高校時代に「書ける」と発言して国語の先生に間違いだと指摘されたときの衝撃が忘れられません。教師が地域の言葉で児童と語り合うのはとても豊かなことですが，その言葉の特性を自覚しておくことは必要だと思います。

ポイント 7 保護者に協力してもらう

保護者に協力を求める

　家庭生活においても，国語で学んだことが生かされ，子どもたちに「国語っていいなあ。」と思ってほしいものです。そのためには，積極的に保護者に協力を求めましょう。その際，保護者がどの程度協力してくれそうか日頃の様子から把握しておき，協力が期待できない家庭の子に対しては，学校でどのようにカバーできるのかも検討しておく必要があります。

学習の内容やねらいを伝える

　家庭でやってほしい学習は，保護者にねらいや内容を具体的に伝えます。とりわけ1年生の保護者には，丁寧に伝える必要があります。音読（→ p.46）の家庭学習を始める際には，詳しいマニュアルのような学年通信を出しています。「家読」（うちどく・家庭での読書）や家での読み聞かせも，学校図書館で借りた本を持ち帰る際に，効能を伝えておくと効果的です。

対応の仕方を伝える

　保護者と連携するためには，子どもへの対応の仕方も具体的に伝えておくと安心です。単元「じゃむのれしぴをきいてつたえよう」（→ p.98）では，ワークシートがジャムのレシピになっているので，当然，子どもたちが家で「作りたい！」と言うことが予想されます。そのとき保護者に「何，これ？　こんなのじゃ，ジャムなんて作れないじゃない？」なんて言われてしまったら，台無しです。そこで，予め学習のねらいや内容だけでなく，「作りたい！」と言ってきたときの対応の仕方について学年通信で次のように伝えています。

　国語の「きいて　つたえよう」の学習で，大事なことを正しく聞き，伝える力をつけるため，「先生の話を聞く。→班の友だちに伝える。」という活動をするのですが，子どもたちがわくわくして取り組めるよう，ジャムの作り方を伝え，正しく聞き取るとレシピができるという楽しい学習を計画しています。（お子さんには，内緒にしておいてくださいね。）ジャムを作るのが目的の学習ではなく，あくまでも話を正しく聞き，伝えるのがねらいなのですが，「実際に作ってみたい！」と張り切って家に帰ってくる人もいると思います。そこで，お願いです。「作りたい！」とレシピを見せたら，まず，「聞いて伝えたの？　すごいね！」と，感心してください。なお，１年生が限られた時間に伝え合うため，また，おうちにある果物で作れるよう，ぎりぎりまで省略したシンプルなレシピにしています。実際に作る際は，どうか，助言をお願いします。レンジで加熱する際は，高温になるので，危険のないよう，見てください。うまくできたら，「お話をしっかり聞いて伝えると，こんな楽しいことができるんだね。」などと，次の学習への意欲につながる言葉掛けもお忘れなく。どうぞ，よろしくお願いします。　　　　　　　　　（学年通信より抜粋）

　この学習の後，「ジャムを作りました！」という子どもや保護者の方からのうれしい報告が寄せられることは言うまでもありません。

役割分担を伝える

　保護者が子どもに力をつけようとして，苦手なひらがなをびっしり書かせる，まだ学習していないカタカナの練習を無理矢理させる，その結果，かえって子どもは勉強が嫌いになったり，「家でもうやった。」と授業への意欲をなくしたりしてしまう，というのはよくあるケースです。例えば，ひたすら字を書くよりも，塗り絵やぐるぐる丸（→ p.42）で手指の動きを鍛えるというように，その子に合った，家庭ならではの学習方法を伝えたり，「間違いを直させるのは学校に任せて，家では『すごい！　こんな字が書けるようになったの？』と感心する言葉を。」と明確な役割分担をお願いしたりすると，効果的に連携ができるようになります。

第2章

「やりたい！」「できた！」
を引き出す
小学1年の
国語授業アイテム

1 目を見てきくぞう！
目を見てはなすぞう！

4月

ねらい

話し手の目を見て聞こうとする意識を育てる。聞き手の目を見て話そうとする意識を育てる。

必要なもの

イラスト入りの紙（Ｂ４程度。ラミネート加工し，マグネットシートを貼ると便利。）

使用場面

入学式の日に，話を聞こうという意識をもたせるために使います。「はなすぞう」は自己紹介の際に使います。どちらも年間を通し，聞く・話す活動で相手に集中させるときに使います。

使い方

❶入学式の日，保護者と別れ，式場に行く前の１年生に，黒板に貼った「目を見てきくぞう！」を見せ，学校で様々な力をつけるためには「目を見て聞く」ことが大切だと伝えます。

❷「目を見て聞くぞう！」と担任が言ったら担任の目を見て「はい。」と元気よく返事をする練習をします。「先生の声の方が大きいな。」とつぶやいて再度やると声が大きくなります。

❸入学式後，教室に再び戻ったところで，保護者の前で担任が「目を見て聞くぞう！」と呼びかけ，１年生の「はい。」という歯切れのよい返事を引き出します。

❹「目を見てはなすぞう！」は後日，自己紹介で使い，聞く人を見るよう意識づけます。

❺その後も必要に応じて使います。戸外での活動で集中が途切れたときは，カードがなくても，担任の「目を見て聞くぞう！」の呼びかけで児童の注意を喚起することができます。

「やりたい！」「できた！」を引き出すポイント

集中が長く続かない児童も，入学式の寸前は極度に緊張しており，たいていは担任の目を見て聞くことができるので，そこにすかさず「さすが１年生。かっこいい。」と感嘆の言葉を惜しみなく浴びせます。式後，担任の呼びかけに歯切れよく返事をする１年生たちに保護者が驚きの声を上げると，１年生たちは得意満面です。入学初日に何か１つ成長できたと本人も保護者も実感できることは，その後の学校生活に期待をもたせ，意欲を高めるのに効果的です。

　ぞうさんたちには,「だまってはたらくぞう！」「どんどんたべるぞう！」というきょうだいもいます。

ねらい

話し手に集中させ，「聞こう」という意識をもたせる。

必要なもの

特にありません。基本，いつでもどこでも使えます。

使用場面

大切な指示を与えたいが，児童がざわついていたり教師の方を見ていなかったりして，このまま話しても伝わらないことが予想される場面で使います。子どもたちの気持ちをぱっと切り替えたい場面でも便利です。

使い方

❶いろいろな技がありますが，どれも，子どもたちが落ち着いているときにやり方を教え，練習しておきます。

> 「目を見て聞くぞう！」と話し手が声を掛けると，「はい。」と返事をして話し手の目を見る。

> 「聞いてください。」と話し手が声を掛けると，「はい。」と返事をして話し手の目を見る。これは，子どもたちが話すときにも使わせる。

> 「言ってもいいですか？」と話し手が声を出さず，口の形だけで言うと「はい。」と返事をして話し手の目を見る。

> 「足は　ぺたん。」（床につける。）「背中は　まっすぐ。」「おなかと背中に　グー。」（握りこぶし１つ分のすき間を空ける。）「足の親指も　ぐっ。」（力を入れる。）「手は　ひざ。」の合い言葉で，１つずつ姿勢を正していく。下線部分は子どもたちが言うようにしておく。

「手は…頭！　なでなで。」「手は…肩！　とんとん。」「手は…ほっぺた！　ぷにぷに。」
「手は…名札！　ついているかな？」などと手の散歩をさせて，最後は「手は…ひざ！」
で締めくくる。「目を見て聞くぞう！」を付け加えると完璧。

「上を見て！」「下を見て！」「右！」「左！」「名札を見て！」などと声を掛けたらその通
りにする。最後は「先生を見て。」で集中させる。

教師が手を３つたたくと，子どもたちが同じリズムで手をたたき，「なんですか？」とリ
ズムに合わせて言う。たいていは１回で集中する。子どもたちが大声を出して活動してい
たり，外に大勢でいたりして，教師の声が届きそうにないときでも，これを何回か繰り返
すと，だんだん「なんですか？」の声が多くなり，教師はひとことも発しなくても静まる。
混乱を防ぐため，この技は子どもは使わないというルールにしておく。

❷状況に応じて，技を使い分けます。子どもたちが静まり，集中してから，穏やかに話を始め
ます。

「やりたい！」「できた！」を引き出すポイント

　子どもたちが騒いでいるときに「静かにしなさい！」と怒鳴ると，よけい騒々しくなって，
たいへん疲れます。また，子どもたちが集中を欠いてだらけているときに「きちんとしなさ
い！」と注意すると，お互いもっとげんなりしてしまいます。それより，技を使って，子ども
たちが集中した瞬間にすかさず「すごい！　目を見て聞いてるね。」「かっこいい！」などとほ
める方が，子どもの意欲に直結します。

　並んで移動する，教科書を開く，筆箱をしまう，など，ちょっとした動きのときにざわつく
ことはよくありますが，ざわざわしたまま次の指示を出すと，聞いていなかった子たちが「次
はどうするんですか？」と聞きに来て，「さっき，言ったでしょ…」とがっくりしながらまた
同じことを言ったり，間違いが多発して結局時間がかかったりします。特に入門期は，何回で
もやり直しをして，集中した状態を作り出してから次のことに移った方が密度の高い学習がで
きます。

　やり直しをさせるときに「何回言ったらわかるの！」「うるさい！」などと怒る必要は全く
ありません。むしろ逆効果です。技を使い，静かにさせてから，「座りましょう。」「教科書を
閉じます。」などと指示を出し，動きが止まってから「どうしてやり直すか，わかりますか？
いいえ，答えないで。どうすればいいかわかる人は，お手本をやってね。」とにこやかに話し，
黙って目を合わせてから，手で「はい，どうぞ。」のサインを出します。黙って集中して動く
自分たちをかっこいいと子どもたちが感じたら，しめたものです。

3 矢印カード

ねらい

やることの順がわかるようにする。

必要なもの

矢印カード（赤い矢印を印刷し，ラミネート加工して切り抜き，マグネットシートを貼ったもの。10枚くらい作っておくと便利。）

使用場面

学習の中でいくつかの作業を行うとき，黒板にその順を示すのに使います。どの教科でも便利です。学習だけでなく，朝，登校してから行うことを示すのにも重宝します。「ここに注目して！」と示したり，予定を並べて書いたところに貼り，「今，これをやっていますよ。」と知らせたりするときにも使えます。

使い方

❶活動内容を言葉，絵，写真等で黒板に並べて表します。特に入学したての頃は，なるべく文字を使わないで，絵や写真で伝えるようにします。ワークノートや教科書のページを指定するときは，現物をクリップ付きマグネットで直接貼るとよくわかります。

❷間に矢印カードを貼り，順を示します。

❸番号をつけておくとさらにわかりやすくなります。

「やりたい！」「できた！」を引き出すポイント

集中が続かない子には，付箋に活動の番号を記入し，「1つできたら先生に教えてね。」と声を掛け，できたことの番号に1つ1つ丸をつけながら励まします。

作業が遅れても気にしない子が多いときは，いったん手を止めさせ，「今，○○をやっている人。」と挙手させて進度を確認させたり，めやすの時間を予め決めて模型の時計で示しておいたりします。名前を書いたカードにマグネットを貼ったものを用意し，黒板に示した活動の「今，これをやっています。」というところに自分で貼るようにするのも手です。遅れている子たちがあわてて取り組むようになります。

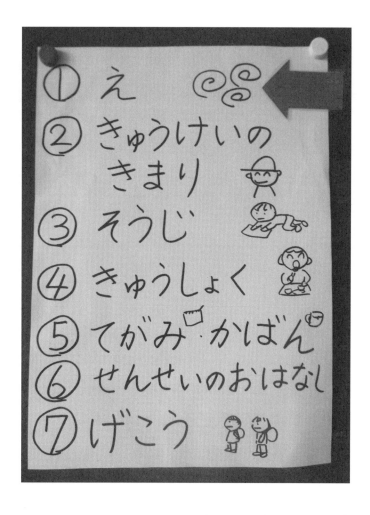

4 字を美しく書きたくなる
お話

ねらい

将来のために字を美しく書けるようになりたいという思いをもたせる。

必要なもの

手書きの2種類のメモ（同じ文面で丁寧な字と乱雑な字。B4程度。黒板に書いてもよい。）

使用場面

　初めてひらがなの学習を行うときに使います。きれいに書こうという思いを忘れかけた頃に使うのも効果があります。応用として，初めて漢字の学習を行うときにもこの方法が使えます。ラブレターバージョンもあります。

使い方

❶「みなさんは，大人になったら，どんな仕事をしたいですか？」と尋ね，口々に言うのを聞きます。特に多い職業があれば，❷の話の設定に取り入れると効果的です。

❷「どんな仕事でも，誰かと力を合わせてやらなければならないことがあるものです。さて，あなたが20年後，外出先から帰ったら，あなたと一緒に仕事をしたいと会いに来た人が2人，メモを残していました。あなたは，どちらか1人を選ばなければなりません。どちらもいい仕事をしてくれそうなので迷っています。」と言って，黒板に，同じ文面で，一方は殴り書き，一方は丁寧な文字の2つのメモを貼ります。

❸「さあ，どちらを選びますか？」と聞くと，1年生たちは迷わずきれいな方を指さします。「どうして？」と問い掛けると，「字がきれいな方がしっかりした人みたい。」「こっちの方がもっといい仕事してくれそう。」と1年生たちは口々に答えます。「そうですよね。字が正しく美しく書けると，うれしいチャンスが増えますよね。さあ，みなさんも，そんな力をつけるために，ひらがなを書く練習を始めましょう。」と学習を始めます。

「やりたい！」「できた！」を引き出すポイント

　字を「きれい！」とほめるときに「将来きっと役立つよ。」などと言い添えます。朱を入れるときは，容赦なく直しつつも，口では「はらいが上手。」「線がきれい。」などのほめ言葉を。

↓ラブレターバージョン（漢字なし）

↓ラブレターバージョン（漢字あり）

○○さま
ぜひ、おはなしが させて
いただきたくて、うかが
いました。
あす、9じごろ おでん
わします。
○○○○

○○ナま
ぜひ、おはなしが さ
せていただきたくて、
うかがいました9
ます、らじごろ おでん
わします。
○○○○

○○様
先日は お話しできて
楽しかったです。
今度、花回廊に一緒に行き
ませんか。大山の紅葉も見
頃です。近いうちにお電話
します。
○○○○

○○さま
せんじつは おはなしできて
たのしかったです。
こんど、はなかいろうにいっしょ
にいきませんか。だいせんのこうよう
もみごろです。ちかいうちに
おでんわします。
○○○○

かくときは　ただしく
はやく　うつくしく

4月

ねらい

　書く活動の際に「間違えてはいけないし，遅れてもいけないし，きれいに書かないといけないし。」と，心がいっぱいになって戦意喪失してしまう子や，がんばり過ぎてしまう子たちに，今の自分の優先課題を自覚させ，「これをがんばればいいんだな。」と集中して取り組ませる。

必要なもの

　「かくときは　一　ただしく　二　はやく　三　うつくしく」と書いた紙（Ａ４程度。ラミネート加工し，マグネットシートを貼ると便利。）

使用場面

　ひらがなの勉強をして，ワークブックに「さあ書くぞ。」というときに黒板に貼ります。特に，学習が進んで，丁寧に書こうとするあまり遅れがちになる子や，意欲が薄れ，取りかかりが遅くなってしまう子が気になり始めた頃が使いどきです。

使い方

❶活動の流れを説明し，いよいよ書き始めるタイミングで黒板に貼ります。
❷教師が「書くときは？」と声を掛けると，子どもたちが「ただしく，はやく，うつくしく！」と声に出して言います。予めお稽古しておきます。
❸「『ただしく』は，みんながんばりましょう。この前書いたとき，自分は遅かったな，と思う人は，『はやく』を，早く書けたと思う人は『うつくしく』をがんばってみましょう。」と声を掛けます。それぞれ，手を挙げさせて意識させるのもよいでしょう。

「やりたい！」「できた！」を引き出すポイント

　なぜ「ただしく　はやく　うつくしく」の順なのかを説明しておきます。「間違えると正しいことが伝わらないから，まずは『ただしく』，いくら美しく書けても時間がかかり過ぎて書き終わらなかったら書かなかったのと同じになるから，２番目は『はやく』，それができたら『うつくしく』を目指しましょう。」後は，できたところを見つけては，どんどんほめましょう。きれいに書けたノートを掲げて見せ合ったり，コピーを掲示したりするのもうれしいものです。

かくときは

一　ただしく

二　はやく

三　うつくしく

6 したじきひっこし

ねらい

ノートなどのページを替えて書くときに，下敷きも入れ替えることを意識させる。

必要なもの

イラスト入りの紙（B4程度。ラミネート加工し，マグネットシートを貼ると便利。）

使用場面

　みんなで一斉に書き始めるときは「下敷きを入れましたか？　隣同士で確かめましょう。」と指示できますが，たくさん書けるようになって，「このページが終わったら次はこのページへ」というように学習を進める場合は，ページを替えるタイミングがばらばらになるので，指示ができず，子どもたちも早く先へ進みたいと焦って下敷きの入れ替えを忘れがちになります。そんな状況が予想されるときに使います。

使い方

❶予め，なぜ下敷きが必要なのか説明しておきます。

❷活動の流れを説明する際に，たぶんこのページに移ったときに下敷きの入れ替えを忘れるだろうと思われるところに「したじきひっこし」のカードを貼ります。口頭でも「このとき，下敷き引っ越し，忘れないで。」などと言っておきます。

❸慣れっこになってくると，❷の声掛けも聞き流すので，ときにはカードを貼る前に「先生がここに貼りたいと思っているカードは何でしょう？」と尋ねて答えさせます。そのうち，「先生，『したじきひっこし』のカードは？」と子どもたちの方から言ったり，子どもたち同士で「したじきひっこし，した？」と声を掛け合ったりするようになります。

「やりたい！」「できた！」を引き出すポイント

　ノートに下敷きを入れないで書くと，次のページにくっきりと跡が刻まれて，ますます思い通りに字が書けなくなってしまいます。面倒でもその都度下敷きを入れ替え，姿勢を整えて丁寧に書くことが，美しく書けるようになるために必要なことの1つであることを理解させておきます。「下敷きを忘れずに入れて書いていますね。」というのも，ほめるポイントになります。

ねらい

ひらがなに関心をもたせ，文字が集まって言葉ができることの楽しさを味わわせる。

必要なもの

ひらがなカード（ひらがな用ワークノートの付属品），ひらがなカードを入れておく箱かかご，子どもの名前のカード，班の数字のカード（いずれもマグネットシートを貼っておく。）

使用場面

ひらがなの学習が進み，後ろの黒板がいっぱいになってきた頃，日替わりで班を指定し，朝，かばんの片付けなどが終わった子から言葉を作ります。

使い方

❶学習したひらがなのカードを教師が組み合わせて言葉を作って掲示し，学習したひらがなが増えるたびに言葉が変わっていくことで，ことばコーナーに関心をもたせておきます。

❷いっぱいになった頃，「明日から言葉をみなさんに作ってもらいます。」と告げ，やり方やきまりを確認します。きまりは，朝の片付けが終わってから行うこと，朝読書のチャイムが鳴ったら途中でもやめること，人が嫌な気持ちになる言葉は選ばないこと，みんなにわかる言葉であること，１枚ずつしかないので同じ文字がほしいときは話し合うこと，などです。

❸子どもたちが来る前に教師は班の数字カードを替え，ひらがなカードの入った箱とその日の班の子どもたちの名前カードを出しておきます。

❹子どもたちは言葉を作ったら自分の名前カードと重ねて指定された場所に置いておきます。教師はそれを貼り，できればみんなで声に出して読む機会を設けます。

「やりたい！」「できた！」を引き出すポイント

何と言っても，教師自身が楽しむことでしょう。お手本を作る時も，「『う』を勉強したら，『うつくしい』が作れるな。子どもたち，『長い言葉だ！』とびっくりするかな。」とおもしろがっていれば，後で子どもたちもいろいろ仕掛けてきます。名前を作ったり，友だちと示し合わせて言葉をつなげ，お話を紡ごうとしたり。その都度，「すごい！」と一緒に喜びましょう。

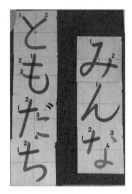
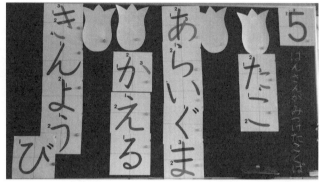

　p.15の男の子が濁点を付けてほしかったのは「きんようび」でした。その日はもちろん，金曜日でした。当時まだひらがなが半分も読めなかった彼は，読めるひらがなを手がかりに，「きんようひ」のカードを集めたとき，うれしくてたまらなかったのでしょう。

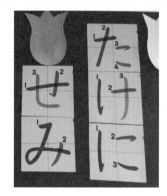
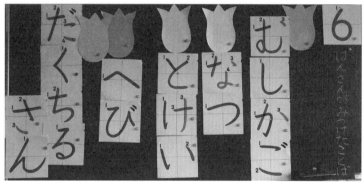

　「『たけに』って何？」と聞いたら，友だちの「せみ」にくっつけてほしいとのこと。なるほど！　「だくちるさん」は読み聞かせのボランティアグループです。「今日はだくちるさん。楽しみだな。」というメッセージだろうと察し，写真に撮ってだくちるさんに贈りました。

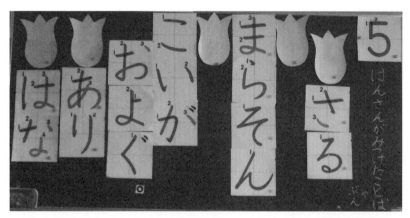

　カードはひらがなを学習したらその都度箱に入れて増やします。濁音や拗音も学習したら使えます。文を学習したら文も作れます。「みつけたことば」に「ぶん」と書き添えます。

8 ぐるぐるまるで おはながさいたよ

ねらい

楽しみながら手や指を鍛えて，文字が上手に書けるようにする。

必要なもの

四つ切り画用紙，クレパス

使用場面

字の練習を始める前か始めた頃に描かせます。のびのびとぐるぐる丸を描くのは，字を書くための手や指の力をつけるのに効果があるそうです。最初の参観日までにやっておくと，掲示に最適です。この時期，遠足などの絵を描かせると，頭足人を描く子もいて個人差が大きく，掲示すると保護者の不安をあおりかねません。その点，これは差が目立たないので安心です。

使い方

❶ぐるぐる丸を描くことで字を書くための手や指の力がつくというねらいと，参観日に貼っておうちの人に見ていただくという使い道を説明します。

❷どの色を使ってもよいこと，自分で書いた名前の紙を横に貼るので，画用紙は縦に使うこと，間違えても気にせず描いていけば素敵な絵になること，画用紙をすみずみまで使うこと，ぐるぐる丸以外のお絵かきはしないことなど，やり方を説明します。

❸大きなぐるぐる丸，いろいろな色で何重ものぐるぐる丸，小さなぐるぐる丸の花束，大きなぐるぐる丸の線の間に小さなぐるぐる丸など，いくつかの例を黒板に描いてみせます。

❹楽しく描かせます。

「やりたい！」「できた！」を引き出すポイント

誰かが「できました。」と来ると，つられて何人も余白だらけの状態で持って来ます。1人目に「ここ，まだ空いている所があるよ。描いてみる？」と言い，席に戻りかけたらすかさず「みんな，聞いて！　○○さんは，もうやめようと思ったのに，もっと描くんだって！　どう思う？　かっこいいよね！」と讃えます。次の瞬間，他の子たちも席に戻って描き始めるので，「すごい！　どんどん力がつきますね。おうちの人もびっくりされますよ。」と励まします。

↓保護者向けの説明の掲示

はじめてかいた　なまえ

ぐるぐるで　おはなが　さいたよ

お手本を見ながら名前をクレパスで書きました。

◎ぐるぐる丸は，文字を書くための手指の動きを鍛える大切なトレーニングです。ぐるぐる丸で，楽しいお花の絵を描きました。楽しみながら手や指を鍛えて，文字が上手に書けるようにしていきます。

 **チロのことばコーナー**

ねらい

学習に使う言葉に親しませる。

必要なもの

色画用紙，のり，両面テープ，はさみ，ペットボトル，毛糸，祝い箸など

使用場面

　生活科でアサガオの栽培を始めるタイミングで，国語の教科書に出てくる「おとうとねずみチロ」の絵を作って掲示し，アサガオの生長に合わせて，観察や世話をするときに使ってほしい言葉のカードを貼り足していきます。「おとうとねずみチロ」の学習を始める頃には「毛糸」「チョッキ」などの言葉についての知識を補うためのコーナーとして，3学期には生活科の昔遊びについての語彙を増やすコーナーとして活用します。

使い方

❶黒板横にチロときょうだいの絵を貼ります。学年末までチロたちはここにいます。

❷アサガオの生長に合わせて掲示物を変化させ，「たねをまく。」「めがでる。」などのカードを貼っていきます。

❸「おとうとねずみチロ」を読み始める頃に，アサガオの掲示を外します。チロに毛糸で編んだ「チョッキ」を着せ，「小さくなったから。」と子どもたちの目の前でほどいて見せ，毛糸はほどいて編み直せることを説明し，「けいとをほどく。」などのカードを貼ります。

❹3学期には「こまをまわす。」など，昔遊びに関する言葉のコーナーとして使います。

❺3月には学年の締めくくりに使います。「2年生になる木」を作って貼り，進級にふさわしい成長を見つけては花の形のカードに書いて貼ります。「花が増えないと『2年生になる木』は『2年生になる気？』になるよ。」と釘を刺し，花いっぱいでの進級を目指します。

「やりたい！」「できた！」を引き出すポイント

　アサガオについて話をするときにはカードの言葉を意識的に使います。できるだけ子どもたちの気付きに導かれるような形で，カードを増やします。

→チロは、ペットボトルを切って作った小さな水やりペットボトルで水やりをしています。

たねをまく。
こやしをやる。
みずをやる。
めがでる。
はがふえる。
はがおおきくなる。
まびきをする。
つるがのびる。
つぼみができる。
じちゅうをたてる。
はながさく。
はながしぼむ。

「たいへんです！　アサガオのつぼみが落ちてました！」と血相を変えて報告した子がいたのをきっかけに，「はながしぼむ。」ということを教え，言葉カードを新たに作りました。しぼんだ花で色水遊びができることも紹介しました。しぼんだ花探しがブームになりました。

→さりげなくチョッキを着ています。

はねをつく。
たこをあげる。
こまをまわす。

→ねえさんの編み棒は祝い箸で作りました。

けいとでマフラーをあむ。
けいとをまく。
けいとのチョッキをほどく。
チョッキをきる。

二年生になる木

二年生になる木

10 音読カード・暗唱大会・暗唱シール

ねらい

繰り返し教科書の文章を音読・暗唱させることによって，教科書の文章の理解を助けるとともに，優れた言葉や文に慣れ親しませ，語彙を豊かにさせる。

必要なもの

厚紙（B4），カラーガムテープ，音読カード・音読めあてカード（B5），ラベルシール

使用場面

学校生活に慣れ，ゴールデンウィークも終わり，1年生が落ち着いてきた頃に始めます。基本，毎日家で音読します。授業の最初や帯学習の時間などを利用して暗唱大会を行います。

使い方

❶児童は家で保護者に音読を聞いてもらい，判子かサインをもらって，翌朝提出して教師にも印をつけてもらいます。月末には全日できた人はシールを貼ってもらいます。読めなかった日があっても，後日その日の分を余分に読めばOKということにしています。

❷覚えて言えるようになったら暗唱大会に参加できます。挑戦したい人はみんなの前に出ます。他の人たちが審査員を務め，できたら「合格！」と言います。間違えたり詰まったりしたら「残念…。○○のところが違うよ。でも，いい声だったよ！」などと健闘を讃えます。審査員は教科書から目を離さず，指で追いながら真剣に聞きます。

❸教師は合格した人の音読カードに特製の暗唱シールを貼り，誰がいつ合格したか記録しておきます。挑戦は1日1回のみ。挑戦者が多いようなら，「今日は○チーム」というように学級を半分に分けます。合格したら次の課題に進むことができます。

「やりたい！」「できた！」を引き出すポイント

妙な読み方の癖がつく子もいるので，授業内で範読に合わせて読ませる機会を作ります。覚えるのが苦手，HSPで緊張が強いなどで暗唱が困難な子は，本人や保護者と相談し，短く切る，1対1で教師が聞く，家庭で保護者が審査するなどの工夫をし，「できた！」を体験できるようにします。特別ルールはみんなに伝え，応援し合い，合格を喜び合う雰囲気を育てます。

1ねんせいの おんどくの めあて

	おんどくで きを つけること
1	しせいに きを つけて よむ。
2	おおきな こえで よむ。
3	おおきな くちを あけて よむ。
4	はっきりと よむ。
5	すらすら よむ。
6	、や 。に きを つけて よむ。
7	「 」に きを つけて よむ。
8	じんぶつに なりきって よむ。
9	きもちが つたわるように よむ。
10	あんしょうする。

長い物語や説明文は適度な長さに分割しています。1年間暗唱をがんばるとカードはシールでいっぱいになります。

半分に切った厚紙（両面表紙）をカラーガムテープで貼り合わせています。2mm程度隙間を空けて貼ると，ぺたんと折りたためます。ガムテープはたくさんの色を用意しておき，好きな色を選ばせてから作ると，楽しく，自分のカードの目印になって便利です。

11 濁音・半濁音・促音・長音・拗音カード

ねらい

濁音・半濁音・促音・長音・拗音の表記に関心をもたせる。

必要なもの

画用紙を切ったカード，太字のペン（黒），マグネットシート，指示棒

使用場面

濁音・半濁音・促音・長音・拗音を含む言葉の学習をするときに使います。子どもたちが盛り上がり，とても集中します。

使い方

❶教科書の濁音・半濁音・促音・長音・拗音を指導するための詩を教師が範読し，子どもたちは指で追いながら聞きます。範読に合わせ，指で追いながら，「口だけ動かして」「ささやき声で」「声を出して」などと何度か読ませます。１年生たちだけで声をそろえて読めるようになったら，「２分で覚えられるかな。」と挑発し，タイマーをセットします。

❷その間に，「゛」「゜」「っ」「ゃ」など，注目させたいものを抜いて詩を板書します。

❸タイマーが鳴ったら教科書を閉じて「基地」に置き，筆箱を乗せ封印するよう指示します。

❹「たいへん！　怪盗どんぐりが，『゛』『゜』を持っていこうとしたけど，先生が注意したら放り出して行ってしまいました。『゛』『゜』を元の場所に戻せるかな？　隣の人と相談しましょう。」などと話をし，黒板にカードをまとめて貼ります。

❺挙手し，指名されたペアは，カードをつけた指示棒で「ここです。」と黒板を指し示します。

❻カードを全部貼ったら教科書を開いて，みんなで答え合わせをします。

❼「やった！　できた！」の興奮が冷めないうちにノートを開かせ，書く練習をします。

「やりたい！」「できた！」を引き出すポイント

ただ教科書を見せて読ませ，「『゛』や『゜』がどこにあるかよく見ましょう。」と指示しても「やりたい！」とそんなに思わないでしょうが，ちょっとゲーム仕立て，物語仕立てにすると，「やりたい！」がどこからか湧き出してきます。

　わざとカードを1枚，教卓の横など，変なところに貼っておいて「あれ？　足りない。」と探させたり，1枚余分に貼って，離れたところに書いてある言葉から消しておいたりすると，「あっ！　こんなところに！」と子どもたちはきゃあきゃあ大興奮です。

12 ラミネートノートシート 6月

ねらい

黒板の手本を書き写すことや，文を作って書くことが苦手な子が書けるように支援する。

必要なもの

ノートのコピー（ラミネート加工する。マスの異なるノートを裏表にするのも便利。），ホワイトボードマーカー（細字。黒だけでなくカラーの物も。）

使用場面

ノート黒板の手本を視写する，ノートに自分で文を作って書くなどの学習をするときに，いろいろな手立てをしても困っている子がいたら，ラミネートノートシートの出番です。

使い方

❶まずは，黒板にノートと同じマス目のノート黒板を貼り，そこに手本を書きます。慣れるまでは手本を一度に何行も書かないで，最初は1字ずつからみんなで一緒に書き，書けたかどうか一人一人確かめて，丁寧に指導します。1語ずつ，1行ずつ，と，だんだん増やしていきます。多くの子はこれで書けます。自作のワークシートでよく使うものがある場合は，拡大してラミネート加工したものを貼り合わせ，ノート黒板のように使うと便利です。

❷何行かまとめて視写するようになったとき，どの行を書いているかわからなくなってしまう子がいるようなら，行ごとに色を変えてみましょう。これで迷わなくなる子もいます。暗い色のチョークや薄い色のマーカーは，見えにくい子もいるので気を付けましょう。

❸❶❷の手立てでも難しい子がいたら，ラミネートノートシートにホワイトボードマーカーで手本を書きます。手本を色分けしているときはラミネートノートシートの手本も同じように色分けします。必要な子の机上の見やすいところに置きます。

❹自分で文を考えるときは，書きたいことを聞き取りながら手本を書き，読み聞かせて「これでいい？」と確認してから渡します。

「やりたい！」「できた！」を引き出すポイント

「がんばって書こうとしていてすごい！」「書けたね！」と温かい声掛けを惜しみなく。

↓1学期の国語ノート用シートです。

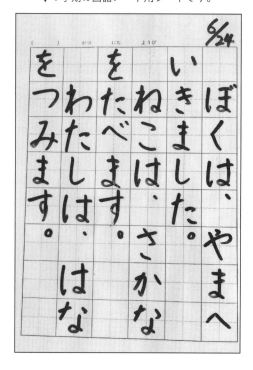

↓左のシートの裏は連絡帳・2学期からの国語ノート用。リバーシブルになっています。

↓A3サイズ4枚を貼り合わせた手作り黒板用ラミネートノートシート

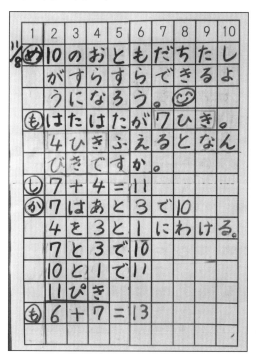

↓道徳で使う，ふりかえりカードのラミネートノートシート。

13 うまくいかないときの場面絵

ねらい

聞くとき・話すときのいろいろな作戦に気付かせる。

必要なもの

四つ切り画用紙，カラーペン，マグネットシート

使用場面

「じゃむのれしぴをきいてつたえよう」（→ p.98）の学習で，聞くとき・話すときの作戦を考える前に，ヒントとして使います。

使い方

❶「ジャムのレシピをきいてつたえよう」の学習の流れを掲示物や矢印カード（→ p.32）を使って説明します。

❷黒板に場面絵を貼り，「くまさんも，ジャムの作り方を聞いて伝える勉強をしました。でも，書いたメモの通りに作ったのに，おいしくできなかったようですね。どうしてうまくいかなかったのでしょう。」と話します。

❸絵を見て気付いたことを隣の人と相談させ，意見を引き出します。

「やりたい！」「できた！」を引き出すポイント

　何も手がかりのない状態で「ジャムの作り方を正しく伝え合うための，聞くとき・話すときの作戦を考えましょう。」と投げかけても，経験の少ない1年生は何を話し合ったらいいのか見当もつかず，行き詰まってしまいます。ここでは，失敗例の場面絵という共通の土台を与えることで，話し合いの糸口をつかませ，「わかった！」につなげます。場面絵を見ながら「くまさんがうさぎさんを見ていないから。」「では，どうすればよかったのかな。」「うさぎさんを見ればよかったんだよ。」などとしっかり考えさせ，「こういうことを考えれば作戦ができるんだな。」と見通しをもたせた上で作戦を相談させれば，話し合いができます。作戦を考えるときも「うさぎさんを見て聞く。」などと場面絵から離れられない子がいたら，「私たちも，うさぎさんを見ればいいのかな？」「誰を見たらいいのかな？」というように導いていきます。

子どもたちに見つけてほしい失敗の原因	子どもたちに気付かせたい作戦
・くまさんがよそ見をしている。 ・くまさんが鉛筆をかまっている。 ・たぬきさんがしゃべっている。 ・うさぎさんがよそ見をしている。 ・うさぎさんの声が小さい。	・話す人の目を見て聞く。 ・手悪さをしないで聞く。 ・黙って聞く。 ・聞く人の目を見て話す。 ・相手に届く声で話す。

　気付かせたい作戦ができていない姿を場面絵に描いておきます。自分たちではなく動物さんたちのお話だと，1年生は客観的に考えやすくなります。

14 「きくとき」「はなすとき」の作戦カード

ねらい

聞くとき・話すときに気を付ける作戦を考えさせることで，正しく伝え合う力を育てる。

必要なもの

四つ切り画用紙（縦4等分に切る。裏にマグネットシートを貼る。），太字のペン（黒）

使用場面

単元「じゃむのれしぴをきいてつたえよう」（→ p.98）で作戦を考える際に使用します。

使い方

❶「ジャムのレシピをきいてつたえよう」の学習の流れを掲示物や矢印カード（→ p.32）を使って説明し，「うまくいかないときの場面絵」（→ p.52）を見て話し合わせます。

❷「『じゃむのつくりかた』をただしくれんらくするためのさくせんをかんがえよう。」という課題を確かめてから班で相談させます。「きくとき」「はなすとき」と分けて考えさせます。

❸どの班も意見が出たことを確認してから止め，いくつ考えたか尋ねて挙手させます。

❹考えた作戦の少ない班から，1つだけ作戦を発表させ，教師がカードに書きます。子どもたちの言葉を生かしつつ，1年間使うということも意識して言葉を整理し「〜と書いていいですか？」と確認しながら書きます。

❺黒板に貼り，この後の話す・聞く活動で作戦を使わせます。次の時間では，「きくとき・はなすときのさくせん」をプリントにしてノートに貼らせ，意識的に使わせます。

❻学習後は教室の後ろに常時掲示し，1年間，様々な場面で活用します。

「やりたい！」「できた！」を引き出すポイント

教師は出させたい作戦の案をもっておき，子どもたちの言葉が足りないときに，気付いてほしい言葉へうまく導きます。しかし，想定される作戦を予めカードに書いておくのは避けましょう。「先生は正しい答えを知っていて，自分たちはそれを当てるだけなんだ。」と感じてしまうからです。その場で「なるほど！　みんな，どう思う？」と言いながら教師が書いて見せることで，「自分たちで作戦を考えることができた！」と誇らしく感じ，やる気が高まります。

はなすときのさくせん
1 きくひとのめをみてはなす。
2 おおきなこえではなす。
3 どならないではなす。
4 おなかにちからをいれていう。
5 はっきりはなす。
6 くちをしっかりあけてはなす。
7 しせいにきをつけてはなす。
8 じゅんばんがわかるようにはなす。

きくときのさくせん
1 はなすひとのめをみてきく。
2 だまってきく。
3 てはひざにおいてきく。
4 よいしせいできく。
5 へんじをしてきく。
6 うなずいてきく。
7 わからなかったらもういちどきく。
8 じゅんばんにきをつけてきく。
9 さいごまできく。

この単元では出なかった作戦でも，後日，子どもたちの姿から，「こんな作戦を使っている人がいましたよ！」と拾い上げて書き足すことができます。

 **役名カード**

ねらい

人物の登場する順序に気を付けながら物語を楽しく読ませる。

必要なもの

画用紙を切ったカード，太字のペン（黒・赤），クリップ

使用場面

物語「おおきなかぶ」の登場人物を確かめ，順序に気を付けながら物語を読ませるために劇遊びをする際に使う小道具です。

使い方

❶本時のねらいを確かめ，「誰がどんな順番で出てくるか確かめながら読みましょう。」と指示してから「おおきなかぶ」全文を教師のリードで，みんなで音読します。

❷登場人物が何人出てきたか隣同士で相談させ，出てくる順に言わせます。教師がカードに書き，黒板に貼ります。

❸登場人物が初めて出てくるところをみんなで確認しながら，教科書に赤鉛筆で囲ませます。カードの人物名も教師が赤いペンで囲みます。できたら，みんなで声を合わせて音読し，囲んだ部分は立つ・手を挙げるなどして確認します。

❹6人，前に出し，登場人物の名前を書いたカードを黒板から外し，服の肩にクリップで留めてやります。「おじいさん」は少し演技が必要なので，できそうな子をさりげなく選び，他は背丈を見てなんとなくいい感じになるように役名カードを付けます。

❺地の文はみんなで読み，会話文はその役名カードを付けた人が言います。役の人はみんなの音読に合わせて，演技をします。演技を通して人物がしたことをみんなで確かめます。

❻次の6人を呼んで❹❺をやります。全員ができるまで繰り返します。

「やりたい！」「できた！」を引き出すポイント

すらすら音読できる人がある程度いないと劇が止まってしまいます。音読や暗唱で練習させておきましょう。難しければ教師ががんばって音読します。

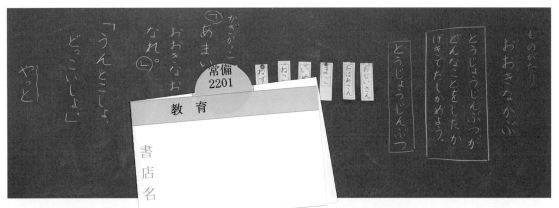

ったな。」「もっとやりたい！」な

「友だちを誘って休憩時間にや

い，カードやクリップを使える

ようにしておきます。教卓など大きな物を「かぶ」に見

立てますが，「本気で抜いたらどうなるかな？　そう，

危ないよね。劇だから，本気で引っ張らないでね。上手

に劇ができる人は引っ張ってなくても引っ張っているよ

うに見せられるんだよ。」と予め話しておきます。

 **あんしゃカード**

ねらい

濁音，半濁音，促音，長音，拗音を含む語の表記や，マスの用紙に文章を書くときの決まりごとに気を付けて正しく書く力を育てる。

必要なもの

あんしゃカード（手本と練習用Ａ３・本番用Ａ４），記録用紙，シール，保存用ファイル

使用場面

濁音，半濁音，促音，長音，拗音を含む語の表記や，マスの用紙に文章を書く学習を行った後に使います。やり方に慣れたら，空いた時間などに進んで取り組めるようにします。

使い方

❶「名人」のあんしゃカード（手本と練習用）を配り，手本を見ながら視写させます。書けたら自分で手本と比べて答え合わせ・直しをするように話します。

❷慣れたらカードを折って手本を隠し，覚えて書く練習をすること，「大名人」で挑戦したい人は「大名人」の用紙で練習してもいいこと，やりたい人は自分で時間を見つけたり家に持ち帰ったりして練習してもいいことなどを伝えておきます。

❸事前に予告しておいた「あんしゃたいかい」では，本番用のあんしゃカードの「名人」「大名人」のどちらかを選ばせます。手本を見ないで手本通りに「暗写」させます。

❹教師がチェックし，合格したカードにはシールを貼ります。「名人」より「大名人」のシールの方を少し大きい物にしておきます。合格したら記録用紙に日にちを記入します。

❺書いたあんしゃカードや記録用紙は，自分で保存用ポケットファイルに入れます。

「やりたい！」「できた！」を引き出すポイント

濁音，促音，拗音等を含む語の表記や原稿用紙の使い方がなかなか覚えられない子たちへの手立てとして，１年生たちに大人気の暗唱をヒントに「暗写」という活動を思いつきました。やはり，夢中になって取り組んでいました。「空いた時間にもやりましょう。」と言うより，「やってもいいですよ。」と言った方がやりたくなります。

→練習用紙は、手本と記入用を並べてＡ３の紙１枚に印刷しておきます。裏表印刷しておくと１枚で２回練習できて便利です。
※「ふたとぶた」(『新編 あたらしいこくご一上』東京書籍、平成27年度版)

あんしゃ大かい

ふたと　ぶた

☆名人

こ	く	く
り	り	り
り	り	り

あんしゃ大かい

ふたと　ぶた

ぴ	く	び	く	ひ	こ
り	す	り	っ	り	ろ
ぴ	り	び	し	ひ	ん
り	が	り	た	り	で

「ふたとぶた」は
カードの下部分に
挿絵があります。
（教科書 p.26挿絵）

「ふたとぶた」は
カードの下部分に
挿絵があります。
（教科書 p.26挿絵）

あんしゃ大かい

ふたと　ぶた

大名人

①濁音・半濁音編，②促音編，③長音編，④拗音編，⑤文章編，⑥段落編，⑦会話文編の7種類あります。いずれも教科書から抜粋しています。（字数の関係で一部変えているものもあります。）それぞれヒント入りの「名人」，ヒントなしの「大名人」があります。⑤⑥⑦には，文字のヒントはないがマスのヒントがある「たつ人」という用紙があります。「名人」「たつ人」に合格した人は「大名人」に挑戦できます。自信のある人は，いきなり「大名人」に挑戦することも可能です。

 **17** ♡マーク作文

ねらい

自分の思いや考えを簡単な文で書き表すことに慣れさせる。

必要なもの

連絡帳，連絡帳と同じマスのノート黒板，連絡帳と同じマスのラミネートノートシート

使用場面

簡単な連絡事項や短い文を書くことに慣れてきた頃，連絡帳に連絡を書くときに短作文も書かせます。基本，毎日書かせます。だんだん，短時間で文が書けるようになっていきます。

使い方

❶朝，ノート黒板に連絡帳の手本を書き，登校してからやることのカード類と一緒に黒板に貼っておき，片付けや水やりなどが終わったら書くことを示しておきます。

❷ノート黒板の手本の末尾に♡マークと，書かせたい内容の1文または文の途中までを書き，赤字で「おもったことをかきましょう。」と書き添えておきます。ラミネートノートシートが必要な子がいれば手本を書いておきます。

❸児童はノート黒板やラミネートノートシートを見て，書き写し，♡マーク作文の続きを自分で考えて書きます。教師に提出します。

❹教師は朱を入れ，一言返事を書いて返します。

「やりたい！」「できた！」を引き出すポイント

♡マーク作文の題材は，学校の様子がおうちの人に伝わるよう，学校のことを選ぶようにしています。書くのに時間がかかる子への手立てとして，連絡帳は朝から書かせているため，「きょう，～しました。」という書き方ではなく「きのう，～しました。」「きょう，～します。」「～しています。」などの書き方をしています。おうちの人が♡マーク作文を楽しみにしてくださることが，何よりの意欲付けになるので，学年通信でねらいを伝えて協力をお願いしておきます。内容や表現に光るものがある作文は，みんなに読み聞かせたり，コピーを掲示したり，通信で取り上げたりすると，「こんな風に書けばいいんだな。」と，どんどん広がっていきます。

十月十四日　♡わ（て）し（も）（木）
おんどく、プリント一まい
チロのべんきょうをしています。
おもったことをかきさ〜ましょう。

十月十四日　♡わ（て）し（も）（木）
おんどく、プリント一
チロのおんどくそいうとおもいます。そうちをうてもいいます。すごくたのしいです。きすくのべんなを、いろいろなとこであったり、いろいろなとこもあったりします。いじわるなことをしろいなこともありました。

十月十四日　♡
なしまい
おんどく
こくごでまんがをつくりました。まんがのしみです。すすんがたのしみです。わどくんとくしてついます。わどくんがはやくつくりたいね。

れんらくちょうについて

　書くことにずいぶん慣れてきたので，連絡帳に♡マークを付け加えました。これは，「思ったこと」のマークです。「1がっきに1ばんがんばったことは，」「きょう，すいえいをします。」など，文の途中まで，あるいは1文程度，お手本を見て書き，その続きに自分の思ったことを書き加えます。自分の思いを書き表す力を鍛えていきたいと思います。書くことが上手になるには，「書きたい！」と思って楽しく書くのが一番です。ぜひ，「♡マークを楽しみにしているよ。」と伝えてください。短時間に急いで書くこともあるので，字が雑になることもありますが，「もっときれいに書きなさい。」などというダメ出しは学校に任せて，「たくさん書けたね。」などとほめてください。担任は，「がんばったね。」「よかったね。」といった，ほんの一言の返事を書きますが，ぜひ，おうちの人も，「すごいね。」「かっこいい！」など，お子さんへの一言をどうぞ。子ども・おうちの人・担任の心が行き交う連絡帳になりますように。

（学年通信より抜粋）

　連絡帳の♡マーク作文に虹のことを書いたら，一人の男の子がこんなことを書きました。「けさ，にじが出たのを見ました。にじは見てないけど，みんながおはなししてくれたので，にじを見たとおもいました。」

　間に合わなかった友だちのために，一生懸命語って伝えようとした子どもたちも，それを聞いて「見られなくて残念」ではなく，「虹を見た」と思った男の子も，なんてすてきなんだろうと思った担任は，子どもたちに話しました。「見ていない人に，心の中の美しいものが伝えられるなんて，魔法みたいだね。話す・聞くというのは，魔法だね。そして，それを書かなかったら，こんなすばらしいことが起きていたなんてわからなかったのだから，書く・読むも魔法だね。国語は，言葉の魔法を使えるようにするための勉強なんだね。」

　きっと，算数には算数の，図工には図工の魔法があると思います。それを子どもたちに実感させる学習を目指したいと思います。

（学年通信より抜粋）

18 きいてきいてタイム

ねらい

夏休みの思い出など，聞いてほしいことを友だちに話したり，友だちの話を聞いて温かい言葉を返したりし合う楽しさを味わわせる。

必要なもの

あれば「ふわふわ言葉」の掲示物

使用場面

話し方や聞き方についてきちんと指導した上で，みんなの前で1人ずつ話す活動をさせたいものの，夏休みの思い出話は，旅行に行ったことを早く話したくてたまらない子もいる一方で，毎日学童保育に通っていた子もいるなど内容に差があり，一斉指導に適さないことがあります。あるいは，全員の話を聞くのは集中が続かないので小分けにしたいが，早く聞いてほしい子もいる，といった状況もあります。そんなときに，「聞いてもらった。」と短時間でみんなを満足させる活動です。みんなの前で話すのが苦手な子がいるときの心の準備としても使えます。

使い方

❶いくつか話の例を紹介します。どこにも連れて行ってもらえなかった子が寂しく思わないよう，自分ががんばったことや発見したことなど，誰でも話せそうな例も丁寧に伝えます。聞いた人にどんな言葉を言ってもらったらうれしくなるかを話し合っていくつか板書します。「ふわふわ言葉」などを既に指導していれば，その掲示物を活用します。

❷隣の子に話をし，話す役と聞く役を交代します。終わったら「ありがとう。」と言い，次の相手を探します。追いかけっこにならないよう，相手を探すコーナーを指定しておきます。

❸5分くらいでいったん止め，何人と話したか手を挙げさせ，少なかった人を後半誘うように言います。また，言われてうれしかったふわふわ言葉を発表させ，発表できた人とその言葉を言った人にみんなで拍手します。後半も同様に行います。

「やりたい！」「できた！」を引き出すポイント

途中に前半を振り返るのがポイントです。最後に，がんばったことの振り返りもしっかりと。

板書例

「しつもん」「かんそう」の話型の掲示（日直の話などで日常的に使えます。）

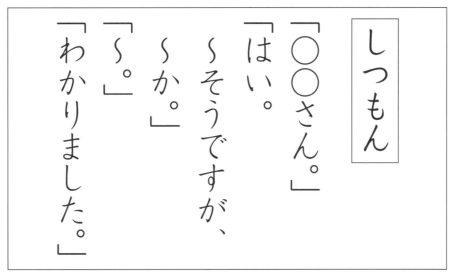

ねらい

単元のゴールと学習の流れを理解させ，見通しをもたせる。本時の活動を単元全体の流れの中で理解させるとともに，ねらいが達成できたかを活動の終わりに振り返らせ次時の活動を意識させる。

必要なもの

すごろく型学習計画図（Ｂ５～４程度。周囲を切っておくとノートに貼りやすい。），赤鉛筆

使用場面

単元の導入で，ゴールまでの活動の流れを知らせ，見通しをもたせるために使います。ノートに貼るなどして児童に持たせるほか，教室にも掲示しておきます。毎時間，最初に本時の活動を確認し，最後に，ねらいが達成できたことと次時の活動を確かめるのにも使います。

使い方

❶単元の導入で，どんなゴールを目指し，どんな流れで学習を行うのか，この学習をやることでどんな力がつくかを学習計画図で説明して期待をもたせ，ノートに貼らせます。

❷毎時間，学習計画図を使って，どこまで学習が進んだのか，この時間は何をやるのか，その学びがどうゴールにつながっていくのかを確認します。

❸学習の最後に，本時のねらいが達成できたことを確認し，学習計画図の本時の印を赤鉛筆で塗らせます。

❹次の時間の活動を確認し，そのためにどんなことをしておけばよいのか意識させます。

「やりたい！」「できた！」を引き出すポイント

表の形の学習計画はよく見かけますが，１年生にぐっとわかりやすくて，わくわくできるようなものを！　と考えて，絵入りのすごろく型にしました。赤鉛筆で塗る印を描いておき，振り返りのたびに塗らせると，本時の「できた！」が実感でき，ゴールに向かって着実に進んでいることが目に見えてわかって，次もがんばろう！　という気持ちを引き出します。印は丸だけでなく，挿絵を囲むとか，「スイミー」なら魚の形，といったバリエーションもあります。

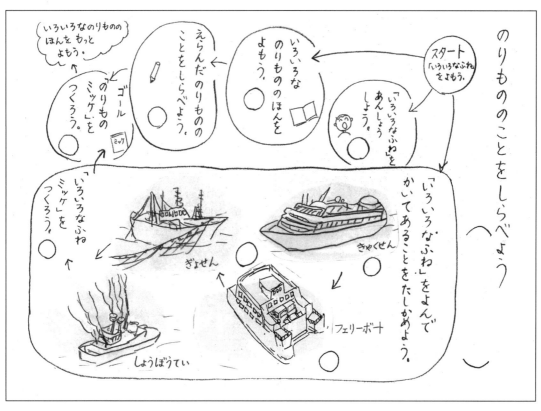

のりもののことをしらべよう

こえに出してよもう

漫画型ワークシート

ねらい

人物の会話文に気を付けながら物語を楽しく読ませる。

必要なもの

漫画型ワークシート（Ｂ５サイズ。端を少し切って小さくしておく。），台紙（八つ切り画用紙を半分に切ったものを綴じておく。表紙は印刷しておく。），登場人物の絵を印刷したカード

使用場面

登場人物の会話文を中心に読み取り，書き抜く活動をさせる場合に効果的です。様子を書き表した文や言葉に注目する場合には不向きです。

使い方

❶書かせたい言葉や文をみんなで読み取り，板書します。書くことが難しい子への手立てとして，板書をワークシートと同じような形にし，書くところの色を変えるなどの工夫をしておきます。

❷いよいよ書くときにワークシートを配り，書かせます。最初に配らないのは，文章ではなくワークシートのイラストから読み取ろうとするのを防ぐためです。

❸字の間違いを直させて，完成したら台紙に貼ります。自分が登場するページは，どこに入れたらいいかみんなで考えると，おもしろいです。

「やりたい！」「できた！」を引き出すポイント

やっていることはよくある吹き出しワークシートと同じなのですが，子どもたちは漫画が大好きなので，漫画という形を取っているというだけで大興奮です。国語が苦手な子も「できた！」と満足できるよう，板書や手元のお手本などで配慮します。

本文に忠実に漫画型シートを作るためには，教材文をかなり読み込まなければなりませんでした。高学年で絵を描くことが好きな児童には，自分で好きな物語を漫画に描き換える活動もおもしろいのではないかと思いました。漫画の単行本には登場人物やあらすじの紹介ページもあり，言語活動の素材として興味深い魅力を備えていると思います。

68

21 「はっけんメモ」と 作文のサンプル

10月

ねらい

観察して気付いたことを文章に書けるようにするため，動物などの様子をよく観察してメモに書こうとする意欲をもたせる。

必要なもの

「はっけんメモ」2種と作文のサンプル2種を拡大したもの

使用場面

単元「わたしのはっけん」（→ p.104）で，動物を観察して，気付いたことを後で作文に書くという活動を，動物を見に行く前に知らせ，どのくらいメモを書けば，どのくらいの長さの作文が書けるかという見通しをもたせ，「いっぱいメモを書いてこよう！」という意欲を高めるために使います。

使い方

❶動物を見に行き，その様子を観察して「はっけんメモ」を書き，後でそれを使って作文を書くという学習の流れを説明します。

❷見つけたことが4項目書いてある「はっけんメモ」と，8項目書いてあるメモ，それらをもとに書いた2種類の作文をそれぞれ拡大したものを見せ，読み聞かせます。

❸「はっけんメモ」を配り，「いくつメモを書きたいですか？」と目標を聞きます。

「やりたい！」「できた！」を引き出すポイント

書くことが苦手な子は，教科書の例文くらいの量の作文が書ける4項目程度のメモが書ければ，十分ではないかと考えていましたが，子どもたちはメモ8項目分の長い作文に憧れたようです。当日は動物にえさをやったり柵に入って触ったりと短時間にやりたいことがいっぱいで忙しかったのにもかかわらず，どの子も必死でたくさんのメモを書いていました。「これくらいメモを書けばこれくらいの長さの作文が書ける。」という具体的なゴールイメージが子どもたちの心をくすぐったようです。短時間で手際よくメモできるよう，メモには予め「からだの大きさ」「からだのいろ」「目」「はな」など，書けそうな項目を作っておきました。

かんさつメモ　　　　いきもの（　　　　　　　　）

見た ところ		
見た 日	十月　日	
見た ばしょ	うんていの ところ	
からだの 大きさ		大きい ちいさい / ながい / ふとい ほそい
からだの いろ		
からだの こまかな ところ	目		大きさ / いろ かたち / ながさ / ほそい / けの ようす / （あし・て・あたま・くち・おなか・しっぽ…）
	はな		
	みみ		
	口		
うごき		あるきかた はしりかた
さわった かんじ		
きゃりえ		
だくかだ		

教科書のメモに細かい項目を加え，書きやすくしています。

はっけんメモ　　一ねん一くみ（　　　）

こうもく			ないよう	かきかたのヒント
見た どうぶつ			アルパカ	
見た 日			十月二十四日	
見た ばしょ			トムソーヤぼくじょう	
からだの 大きさ			大きい	大きい 小さい ～くらい ～より大きい
からだの いろ			ちゃいろ	大きさ ～みたいな かたち いろ うごき けの ようす
からだの いろいろな ところ	目			
	はな			
	みみ			
	口		もぐもぐうごく	（あし・け・あたま・くび・おなか・しっぽ…）
	け		ふわふわ	
うごき				あるきかた はしりかた
さわった かんじ				
なきごえ				
たべかた				

↓

アルパカをよく見たよ

よしだ　あつこ

十月二十四日、わたしは、トムソーヤぼくじょうで、アルパカを、よく見ました。からだは大きくて、いろはちゃいろでした。けが、ふわふわしていました。口が、もぐもぐうごいていました。わたしは、さわってみたいなとおもいました。

20×20

はっけんメモ　一ねん一くみ（　　　）

項目		記入	ヒント
見た どうぶつ		アルパカ	
見た 日		十月二十四日	
見た ばしょ		トムソーヤぼくじょう	
からだの 大きさ		わたしより大きい	大きい 小さい ～くらい ～より大きい
からだの いろ		うすちゃいろ	いろ うごき けの ようす
からだの いろいろな ところ	目	ながいまつげ やさしそう	大きさ ～みたいな かたち
	はな		
	みみ	ぴんと上にのびている。	
	口	もぐもぐうごいて たべてるみたい	
	くび け	ぬいぐるみみたいにもこもこ ながい	（あし・け・あたま・くび・おなか・しっぽ…）
うごき		きゅうにたった	あるきかた はしりかた
さわった かんじ			
なきごえ			
たべかた			

↓

アルパカをよく見たよ　よしだ　あつこ

　十月二十四日、わたしは、トムソーヤぼくじょうで、アルパカを、よく見ました。

　からだはわたしより大きくて、ながいくびでした。けは、ぬいぐるみみたいにもこもこしていて、うすいちゃいろでした。みみが、ぴんと上にのびていました。目は、ながいまつげがはえていて、やさしそうでした。口がもぐもぐうごいていて、なにかをたべているみたいに見えました。じっとしていたけど、ちかづいたらきゅうにたちあがったので、びっくりしました。たつと、わたしよりせがたかかったです。アルパカのいえは、ほかのどうぶつのいえよりすずしかったです。けがふわふわしてながいから、あたたかいのかなとおもいました。

　わたしは、ふわふわのけにさわってみたいなとおもいました。こんど、おうちのひとと見にいきたいです。

20×20

のりものミッケ

ねらい

書かれている内容を事柄ごとに正しく読み取り，まとめることができるようにさせる。

必要なもの

のりものミッケワークシート，乗り物の絵を描くワークシート，オリジナル説明文「いろいろなのりもの」，サインペン

使用場面

単元「のりものミッケをつくろう」（→ p.116）で，説明文「いろいろなふね」の読み取りを通してつけた力で，オリジナル説明文「いろいろなのりもの」などを読み取り，事柄ごとにまとめる活動に楽しく取り組ませるために使います。

使い方

❶オリジナル説明文「いろいろなのりもの」などで読み取ったことを事柄ごとにワークシートに書き込ませます。

❷絵を描くワークシートに乗り物の絵を描かせます。

❸縮小して印刷し，製本します。

❹「ミッケ」としての遊び方を説明し，2人組で交流させます。

「やりたい！」「できた！」を引き出すポイント

やっていることは，読み取ったことをただ表にまとめているだけなのですが，本の形にまとめると，「やりたい！」という気持ちがかきたてられます。まして，子どもたちに人気の「ミッケ」です。中身は，落ち着いて見れば「ミッケ」とは似ても似つかぬ代物ですが，「ミッケ」と表紙に書いてあればなんとなくその気にさせられてしまうのが，子ども心というものです。

できあがった「のりものミッケ」を図書館にも置いてもらうと，「自分たちの作った本が図書館に！」と，うれしさも倍増します。学校司書の先生のお話によると，けっこう上の学年の子たちが懐かしさもあってか手に取って読んでくれるそうで，そんな場面に出くわそうものなら，1年生はうれしくてもう溶けてしまいそうになります。

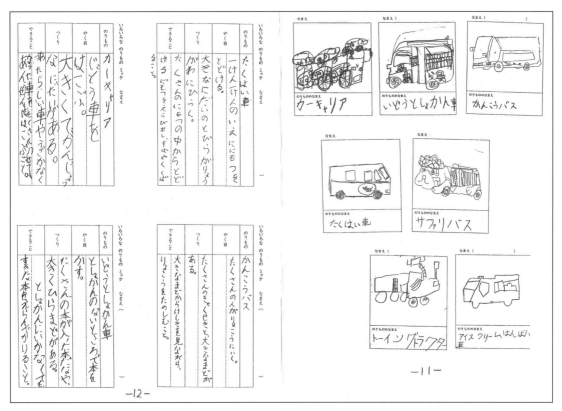

「ミッケ」のように，たくさんの中から探す気分を味わうため，絵は余分に入れています。

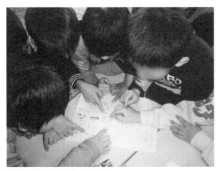

23 オリジナル説明文「いろいろなのりもの」

ねらい

　教材文に書かれている内容を事柄ごとに正しく読み取る学習で学んだことを生かし，他の文章を自分で正しく読み取り，読み取ったことをまとめることができるようにさせる。

必要なもの

　オリジナル説明文「いろいろなのりもの」をプリントアウトし，ラミネート加工をして紐で綴じた本，カラーサインペン，のりものミッケワークシート

使用場面

　単元「のりものミッケをつくろう」（→ p.116）で，「いろいろなふね」の読み取りを通してつけた力を使い，自分で別の文章を読み取ることができたと実感させるために使います。

使い方

❶オリジナル説明文「いろいろなのりもの」の綴じ紐をほどいて，ページをばらばらにし，教室の机に並べて置きます。

❷子どもたちが歩き回りながら読み，書きたいページを選びます。希望者が重ならないよう，「同じページに希望者が重なったときは，じゃんけんで決めてもいいですが，話し合ったり譲ったりできたら大人っぽくて素敵！」と話しておきます。

❸選んだページの説明文から読み取ったことを，のりものミッケワークシートに書き込ませます。

❹苦手な子には，教材文を読んだときと同じように色分けして傍線を引かせます。

「やりたい！」「できた！」を引き出すポイント

　ラミネート加工してあるので，読み取るのが苦手な子は，教材文の読み取りの際に色鉛筆でやったのと同じように，直接，本のページにカラーサインペンで項目ごとに色分けをして傍線を引くことができます。正しく線が引ければ，それを見ながらワークシートに書くことが容易にできます。もちろん，他の本には線を引いてはいけないことは指導しておきます。書くことが特に苦手な子には，ページ選びのときに，書く量が少ないものをさりげなく勧めます。

説明文「いろいろなのりもの」の1ページ目です。
ここには，いろいろな乗り物の写真を載せています。

のりものには、いろいろなものがあります。

移動図書館の写真を載せています。

いどうとしょかん車は、としょかんのないところで本をかすためのじどう車です。
この車には、たくさんの本が入った本だなや、大きくひらくまどがあります。
人は、としょかんにいかなくても、すきな本をえらんでかりることができます。

最後のページです。

いろいろなのりものが、それぞれのやくめにあうようにつくられています。

24 「こどものともひろばの なかまたち」からの手紙

ねらい

物語に出てくる「手紙」を受け取る体験をさせることで，実感の伴う理解につなげる。

必要なもの

「こどものともひろばのなかまたち」からの手紙，色画用紙，封筒・中に入れるカード等（児童数分），切手風の絵，消しゴム，ボールペン，油性ペン，ピンキングばさみ

使用場面

単元「いろいろなおはなしをよもう」（→ p.122）の学習に入る前に，絵本『こんにちはおてがみです』（福音館書店）を読み聞かせておきます。その後，突然手紙が届き，これで学習が始まります。物語「おとうとねずみチロ」の「おばあちゃんからてがみがとどきました。」という場面でのねずみのきょうだいたちの「大よろこび」が実感できます。

使い方

❶手紙を用意します。宛名は担任以外の人が書いた方が望ましいですが，頼めない場合は筆跡を変えて書きます。消印らしきものも押しておくと雰囲気が出ます。

❷事務の先生，校長先生など，いかにも手紙を持ってきてくれそうな級外の先生に，「あのお，手紙が届いたんですけど…」と，教室に届けてもらいます。さりげない演技ができる人にお願いするとよいでしょう。届ける時間も指定します。

❸担任は，「えっ？」といぶかしそうに受け取ります。「待ってました！」とはしゃいではいけません。戸惑った様子で開け，手紙を読みます。演技力の見せ所です。子どもたち一人一人宛ての手紙を手渡します。全員に渡ったら，みんなで中身を確かめます。

❹ノートに個人宛て封筒の表を貼らせると，「こんにちはおてがみです」の形になって，子どもたちは大喜びです。

「やりたい！」「できた！」を引き出すポイント

冷めた反応の子がいても，「いや，やろうよ！」と熱くならず，「じゃ，やめようか。」と冷静に対応すると，かえって「いや，やりたい！」と子どもたちの方がヒートアップします。

ふくよねにし小がっこう 1ねん生 のみなさんへ

「サラダでげんき」のべんきょう、がんばっていたね。
がくしゅうはっぴょうかいのれんしゅうもがんばっているね。
こんどは「おとうとねずみ チロ」のべんきょうだよ。
たのしいおはなしだから、また みんなで がんばって べんきょう
しよう!

　　　　　　　✉ こどものともひろばのなかまたちより

学習計画図（64頁参照）

ブックリスト（80頁参照）

ふりかえりカード（82頁参照）

個人宛て封筒

○○　○○さま

「切手」はピンキング
ばさみでそれっぽく切
っています。

〒683-0805
よなごしにしふくばら
8ちょうめ16ばん62ごう

ふくよねにししょうがっこう
1ねん1くみのみなさまへ

こどもの ともひろばの
なかまたちより

米子市立福米西小学校
1年生のみなさんへ

10月 24日 かよう日
大山に おいで
あきが 見つかるかも
どうぶつが たくさん いる ぼくじょうにも
おいで
たのしいことが いっぱいだよ
　　　　　　　　　　　大山
　　　　　　　すずめ

「サラダでげんき」の学習の頃には，教室に電報が
届きます。こちらは，生活科の校外学習へのお誘いと
して大山のすずめから，という設定です。電報には，
すずめの足跡らしき跡が…。

「消印」や「足跡」は，消しゴムにボールペンで描
き，紙に押しつけるといい感じでできます。

25 ブックリスト・「こどものともひろば」コーナー

ねらい

いろいろな物語の本を読もうとする意欲を高める。

必要なもの

「こどものともひろば」ブックリスト，リストに載っている本，ブックトラック，「こどものともひろば」と書いた色画用紙

使用場面

単元「いろいろなおはなしをよもう」（→ p.122）の学習で，並行読書をさせるために用意します。「こどものともひろばのなかまたち」からの手紙にブックリストを入れます。手紙が届いた後で，リストに載っている本を満載したブックトラックが現れます。ブックリストには，絵本『こんにちはおてがみです』（福音館書店）の巻末にある絵地図で紹介されている本や，教科書で紹介されている本などを載せています。

使い方

❶ブックリストを「こどものともひろばのなかまたち」からの手紙に入れておきます。

❷リストの本がいっぱいのブックトラックを利用しやすい場所に出します。

❸朝読書などの時間を活用して読ませます。読んだ本は，リストに印をつけさせます。「おとうとねずみチロ」の本など，順番待ちになりそうな本は読み聞かせます。

❹「おはなしカード」の学習までに，紹介する本の候補をいくつか決めておくよう話します。

「やりたい！」「できた！」を引き出すポイント

どんと本を並べて「読みなさい。」と言うよりも，『こんにちはおてがみです』を読み聞かせ，巻末の素敵な絵地図を見せて「こんな本，読んでみたいな」。と思わせ，「こどものともひろばのなかまたち」からの手紙に入っていたブックリストで，「読みたい！」という気持ちをあおっておいて，そっとブックトラックを出しておけば，黙っていても子どもたちは本に飛びつくでしょう。『こんにちはおてがみです』で絵本の登場人物たちが誘っていた「こどものともひろば」は，ここだよ，ということで，ブックトラックに看板を貼っておきます。

ブックリストは，学校司書の富田多美子先生が手書きで作ってくださいました。

① ぐりとぐら	㉖ おなべおなべにえたかな？	51 マフィンおばさんのぱんや	76 そらいろのたね
② ぐりとぐらのおきゃくさま	㉗ だいくとおにろく	52 まゆとおに	77 とん ことり
③ ぐりとぐらとすみれちゃん	㉘ こすずめのぼうけん	53 まがればまがりみち	78 さんまいのおふだ
④ ぐりとぐらのかいすいよく	㉙ しょうぼうじどうしゃじぷた	54 とべ！ちいさいプロペラき	79 ロボットのくにSOS
⑤ ぐりとぐらのえんそく	㉚ おじぞうさん	55 おなかのすくさんぽ	80 ほたるホテル
⑥ ふうせんどこにとんでいく？	㉛ あさえとちいさいいもうと	56 ごろごろにゃーん	81 だいちゃんとうみ
⑦ いいことってどんなこと	㉜ まのいいりょうし	57 てんのくぎをうちにいったはりっこ	82 たろうのおでかけ
⑧ こころの花(はな)たば	㉝ のろまなローラー	58 とらのゆめ	83 あな
⑨ 番(ばん)ねずみのやかちゃん	㉞ かばくん	59 ぴかくんめをまわす	84 サラダとまほうのおみせ
⑩ 月人石(つき・ひと・いし)	㉟ かばくんのふね	60 くろうまブランキー	85 ばけくらべ
⑪ まるいちきゅうのまるいちにち	㊱ しんせつなともだち	61 きつねとねずみ	86 あめふり
⑫ のねずみのチッチ	㊲ おふろやさん	62 きつねのよめいり	87 たいへんなひるね
⑬ こんとあき	㊳ エンソくんきしゃにのる	63 かさもってあむかえ	88 しげみむらおいしいむら
⑭ もりのひなまつり	㊴ うしはどこでも「モ〜♪」	64 だるまちゃんとだいこくちゃん	89 まじょのかんづめ
⑮ ぐるんぱのようちえん	㊵ おおさむこさむ	65 だるまちゃんとてんぐちゃん	90 ねぶすけスーザのおかいもの
⑯ くわずにょうぼう	㊶ おなべおなべにえたかな	66 ゆきのひ	91 ぶたぶたくんのおかいもの
⑰ すみれおばあちゃんのひみつ	㊷ ちいさなろば	67 あたごのうら	92 カニ ツンツン
⑱ おはなしぽっちり あき	㊸ おかえし	68 おばあさんのすぷーん	93 おふろやさん
⑲ おはなしぽっちり ふゆ	㊹ 十二支(じゅうに)のはじまり	69 へそもち	94 だいふくもち
⑳ ハケさんのおきゃくさま	㊺ くいしんぼうのあおむしくん	70 ガオ	95 ながれぼしをひろいに
㉑ きいろいばけつ	㊻ はじめてのおつかい	71 パンのからどろちいさなあくま	96 かみのけちょきん
㉒ ぞうくんのさんぽ	㊼ ちょろりんととっけー	72 ずいとんさん	97 かわ
㉓ ぽとんぽとんはなんのおと	㊽ せんたくかあちゃん	73 たこなんかじゃないよ	98 ゆうびんやさんのホネホネさん
㉔ かさじぞう	㊾ やっぱりおおかみ	74 くものすおやぶんとりものちょう	99 きょうだいな きょうだいな
㉕ おっきょちゃんとかっぱ	㊿ くった のんだ わらった	75 あらいぐまとねずみたち	100 おとうとねずみチロのはなし

こどものとも
ひろばにいらっしゃい

よんだほんのところに○をつけてね！

ふりかえりカード

ねらい

物語を読んで音読の工夫を話し合ったり，教科書に書き込んだりする活動に意欲的に取り組ませる。

必要なもの

ふりかえりカード，はさみ，折ったり切ったりする人手，赤鉛筆

使用場面

単元「いろいろなおはなしをよもう」（→ p.122）の学習で，毎時間の学習に「やりたい！」と意欲的に取り組ませ，「できた！」と達成感を味わわせるために使います。「こどものともひろばのなかまたち」からの手紙に入れます。

使い方

❶ふりかえりカードを「こどものともひろばのなかまたち」からの手紙に入れておきます。
❷毎時間，振り返りをして，できた項目に色を塗ります。
❸家庭で音読発表会をしたら，おうちの人にメッセージを書いてもらいます。

「やりたい！」「できた！」を引き出すポイント

授業が終わってから「発表できた人。音読の工夫が書けた人。がんばったね。」と言われるより，予め「この時間，発表して，音読の工夫を書いて，様子がわかるように音読すればいいんだな。」と，何をがんばったらいいのかわかっている方が「できた！」と思える子が増えます。家庭内音読発表会まで，「気持ちの伝わる素敵な音読をして，すごいって書いてもらうんだ！」という意識をもち続けられるよう，ふりかえりカードの外側におうちの人からのメッセージ欄がつけてあります。ふりかえりカードを見るたび，自然と目に入るので，ゴールを意識せずにはいられません。ふりかえりカードをたびたび取り出して見たくなるよう，手間を掛けてかわいい本の形にしてあります。折って切って，折り直して，の手間がかかります。100人以上だと，けっこうたいへんです。私は持ち帰って子どもたちに手伝ってもらっていました。子どもたちが巣立ってからは，職員室にどんと置いておき，先生方に助けていただいています。

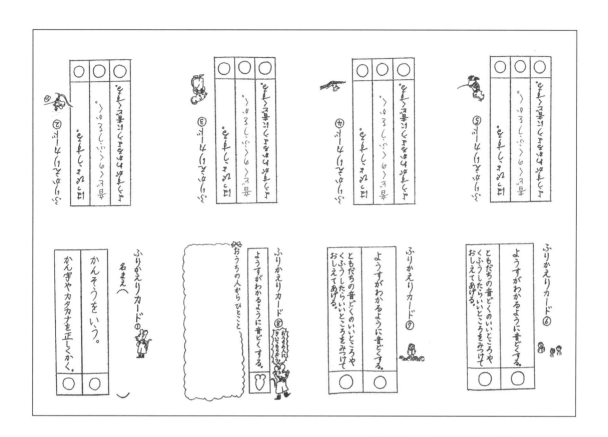

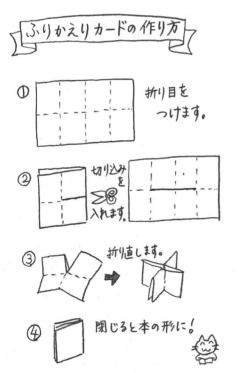

ふりかえりカードの作り方

① 折り目をつけます。

② 切り込みを入れます。

③ 折り直します。

④ 閉じると本の形に！

ふりかえりカード ⑧

ようすがわかるように音どくする。

おうちの人に　きいてもらう♪

おうちの人からひとこと

ケロのこえがとんでったときと、うれしくなってもっと大きいこえになったところがすごくじょうずだったよ。おかあさんは・おばあちゃんになったきぶんできききました。

ねらい

「おとうとねずみチロ」のチロのおばあちゃんの家がどこにあるのか読み取らせ，視覚的に遠さを感じさせることで，チロが叫んでいる場面の音読の工夫を考えさせる。

必要なもの

グラフロール紙（黒板の幅より少し長め），支柱２本，茶色のクレパス，言葉と絵のカード，小さなチロの絵，針金，両面テープ，はてなフック，綴じ紐，掲示用マグネット，大型洗濯ばさみ，持ち上げるのを手伝ってくれる人

使用場面

物語「おとうとねずみチロ」のチロが「おばあちゃあん」と叫んでいる場面を読み取らせる際に，「おばあちゃんのいえ」がチロにとってどんなに遠いか実感させるときに使います。

使い方

❶地の文から，おばあちゃんの家がどこにあるのか読み取らせ，手がかりとなる言葉や絵のカードをロール紙に貼り，クレパスで地図を描いていきます。最初は小さなチロの絵に針金をつけたペープサートを地図の上で移動させていきますが，チロが木に立ったところでチロは地図に貼り付けておきます。

❷地の文を音読させている間に黒板の上に持ち上げて固定します。本時の最後に板書と地図の両方を視界に入れながら音読することができます。

「やりたい！」「できた！」を引き出すポイント

チロの家からおばあちゃんの家までの地図を描いてみると，大人でも，「ああ，これは，チロ，叫ぶよなあ。」と納得します。すっと読み流しそうな地の文に，はっとさせられる内容が書かれていることに気付いたときの感動は，「言葉ってすごい。」という思いを生むことでしょう。最初から紙を全部広げてしまうと，おばあちゃんの家がどの辺りにあるか予測がついて驚きがなくなってしまうので，最初は巻いておき，読み取りながらだんだん広げていって，「えっ，まだ？　えっ，もっと？　ええええっ！　こんなに遠く？」と驚かせるのがポイントです。

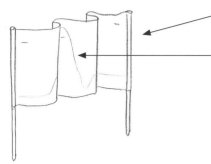

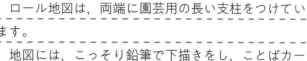
ロール地図は，両端に園芸用の長い支柱をつけています。

地図には，こっそり鉛筆で下描きをし，ことばカードを貼るところも印をつけています。

時間短縮のため，言葉や絵のカードの裏に両面テープを貼り，テープの裏紙は，はがしやすいように，ちょっぴりめくっておきます。

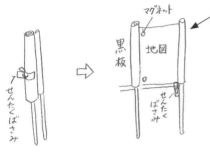
広がったり倒れたりしないよう，大型洗濯ばさみやマグネットで固定します。完成したところで黒板の上に上げます。

黒板上部掲示システムの正式名称は「黒板上部掲示システム YS − 2 型」といいます。

（弓ヶ浜小学校にいたときに考えて，2番目の試作品がうまくいったので…）

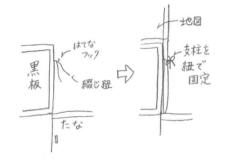

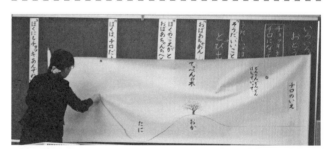

ねらい

「おとうとねずみチロ」のチロが叫んでいる場面の音読の工夫を視覚的に印象付ける。

必要なもの

チロが叫んでいる場面の会話文を書いたカード（裏にマグネットを貼っておく。）

使用場面

物語「おとうとねずみチロ」のチロが「おばあちゃあん」と叫んでいる場面で読み取ったことを会話文の音読で表現する工夫を考えるときに使います。

使い方

❶事前に板書の最終的なものを書いておき，どこにどの会話文をどんな大きさの字で書くか確かめて，ちょうどいい位置に会話文のカードが貼れるように印をつけておきます。

❷「大きな声で」という工夫を受けて，カードを外し，大きな字で書き直します。

❸「もっと大きな声で」という工夫に合わせ，さらに大きな字で書き直します。「一番大きな声で」などの工夫に，もう一段階大きく書き直します。

❹授業の最後に，黒板上部の地図と，巨大な字の並んだ板書を視界に入れながら本時の場面の音読をします。

「やりたい！」「できた！」を引き出すポイント

読み取ったことを音読で表現する学習をするとき，授業中はとてもすばらしい音読ができていたのに，翌日になるとまた元に戻っていてがっかりすることがよくあります。読み取りでわかったことを印象付けて，音読の質を変えることができないものかと考えて，行き着いた工夫です。文字を大きく書き直すと，子どもたちは「うわああ！」と，大興奮です。自然と大きな声が出て，音読ががらりと変わります。ただし，けんかでも売っているかのように怒鳴ったり，おもしろがって笑いながら叫んだりしたら，「あれ？　チロってこのとき，怒って怒鳴っていたのかな。ふざけて叫んでいたのかな。」と投げかけ，ただの大声大会ではなく，文章に基づいた表現であることを思い出させます。音読の変化を捉えてすかさず「すごい！」と声掛けを。

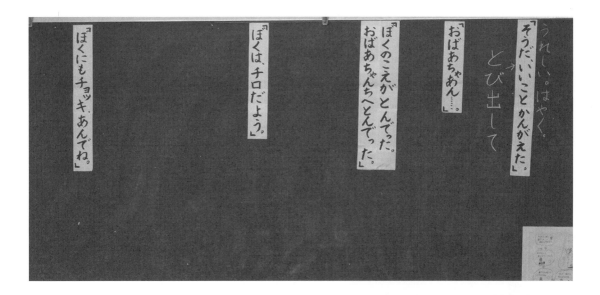

　ちょうどいいバランスで大きな文字が入るよう，会話文のカードを配置しておきます。

　事前にいったん板書をして位置を決め，黒板の上の枠の，子どもからは見えないところに，マスキングテープを貼って印をつけています。一見無造作に会話文のカードを貼っているように見えますが，実は計算し尽くしています。

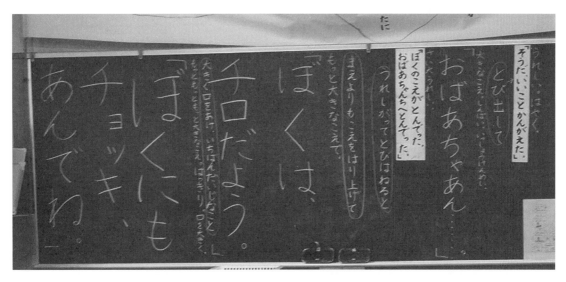

29 ねこやまさんの 花屋のカード

1・2月

ねらい

仲間になる言葉とそれらをまとめて呼ぶ言葉との関係を理解させる。

必要なもの

ねこやまさんの絵，花屋の絵，花の名前カード（マグネットを貼っておく。），赤ペン

使用場面

単元「ことばをあつめよう」（→ p.130）の導入で，仲間になる言葉とそれらをまとめて呼ぶ言葉との関係に関心をもたせるために使います。

使い方

❶絵を黒板に貼り，ねこやまさんが怪盗どんぐりに花屋のカードを散らかされ，泣いていることを話し，「どうしよう。」と相談します。「直してあげよう！」と子どもたちが言います。計画通りです。隣同士で，カードの正しい位置を話し合わせます。

❷2人組で前に出させ，花の名前のカードを正しい位置に貼らせます。

❸「花」は，他の花をまとめて呼ぶ言葉であることを押さえ，赤ペンで囲みます。

❹ねこやまさんが，エプロンもなくて困っていることを話し，次の展開につなげます。全て解決したらねこやまさんを笑顔の絵に替えます。

「やりたい！」「できた！」を引き出すポイント

ばらばらになった花の名前カードの中に「花」というカードを紛れさせておき，ねこやまさんのためにカードを直す活動の中で，実はそれは花屋の看板であることに気付かせます。そこから，言葉には「なかまになることば」と「まとめてよぶことば」があるということに導いていきます。「花」は，看板であることがよくわかるように赤で囲み，後の活動でも「まとめてよぶことば」は赤で囲むお約束にします。花の名前は，その時期に花瓶に生けているものなどを選び，事前にさりげなく話題に出してなじませておきます。ちなみに，私は，子どもたちに季節の草花に親しんでほしくて，いつも教室に季節の花を生け，手洗い場には名前と簡単な解説を付けて，身近な草花を並べて飾っています。

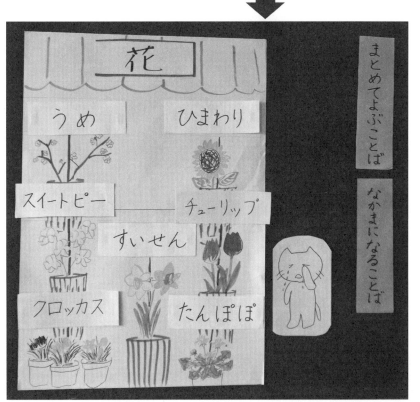

　ねこやまさんは，最後にはエプロンを返してもらって，笑顔になります。裏返すと笑顔のねこやまさんになります。

30 「怪盗どんぐり」の挑戦状・ことばカード 1・2月

ねらい

仲間になる言葉とそれらをまとめて呼ぶ言葉との関係を理解させる。

必要なもの

「怪盗どんぐり」からの挑戦状が入った封筒，「ことばカード」（児童数分・裏にマグネット）と「まとめてよぶことばカード」が入った封筒，エプロンと封筒，黒ペン，できれば協力者

使用場面

単元「ことばをあつめよう」（→ p.130）で，仲間になる言葉をみんなで集め，まとめて呼ぶ言葉を考える活動を「やるぞ！」と思わせるために使います。

使い方

❶「ねこやまさんのエプロンがない。」という話をしていると，教室の外で物音がして，廊下で大きな封筒が見つかります。協力者が確保できれば，こっそり音を出してもらったり，「封筒が落ちていましたよ。」と持ってきてもらったりという演出ができますが，いなければ，「あれっ。何か音がした気がする。しっ！　動かないで。…こんなものが落ちていたよ。」と一人芝居で乗り切ります。

❷中に入っている「怪盗どんぐり」からの挑戦状を読み上げ，受けて立つか尋ねます。ルールを説明し，「ことばカード」を配ります。ゲーム開始です。

❸仲間ごとに集まったら座らせ，グループごとに「まとめてよぶことばカード」と黒ペンを渡し，グループで考えた「まとめてよぶことば」を書かせます。

❹無事正解し，黒板にカードが正しく並んだら，また物音が！　廊下にあった封筒の中に，エプロンが入っていて，ねこやまさんは笑顔になります。

「やりたい！」「できた！」を引き出すポイント

ミステリー風の物語仕立てで，子どもたちをどきどきわくわくの学習に誘い込みます。単に挑戦を受けるのではなく，「ねこやまさんを助けるために」というのがポイントです。子どもたちは，大いに燃えます。

1の1のしょくん

　なかなか　やりますね。

　では，きみたちに　もんだいを　出そう。

　このカードを　1人1まいずつ　もって，なかまを　つくってみたまえ。

　ただし，なかまが　できるまで，けっして　しゃべっては　ならない。

　ひとことでも　しゃべったら　きみたちの　まけだ。

　なかまが　できたら「まとめてよぶことば」を　かくのだ。

　そのそうだんは　こえを　出しても　かまわない。

　ねこ山さんの　エプロンを　かえしてほしかったら　力を　あわせて
だまって　なかまを　つくりたまえ。

　きみたちが　かったら　エプロンは　かえそう。

　むずかしいから，エプロンは　きっと　わたしのものだな。

　　　　　　　　　　　　　　　　　　　　　　　かいとうどんぐり

　ねこやまにゃんたさんは，授業中，いろいろな場面で登場するキャラクターです。よく，算数の時間に登場します。魚を釣ったり料理したりして，それを担任がもらったり食べたりして，そこから課題が生まれます。そのとき黒板の絵の中で担任がおいしそうに食べていた料理が，いつもなぜかその日に給食に出ます。不思議です。「先生ばっかり，いいな。」と言っていた子どもたちは，「あっ！　ねこやまさんがお料理してたのと一緒だ！」と大喜びで食べます。おかげで，好き嫌いが減ります。

　いろいろ得意なこともあるけど，失敗もあり，照れ屋さんで，がんばり屋さんのねこやまさんのことが1年生たちは大好きです。だから，ねこやまさんのために，燃えるのです。

31 音読ブック

ねらい

自分で物語を読んで，音読の工夫を考えることができるようにする。

必要なもの

「スイミー」の文章を印刷したもの，八つ切り画用紙，のり

使用場面

単元「こえに出してよもう」（→学習計画図 p.65）で，語りをめざして，音読の工夫を書き込む学習で使います。1年間がんばってきた，毎日の音読，挑戦し続けた暗唱大会，読み取ったことを音読で表現する学習などの総まとめとして取り組みます。今までにつけてきた力を総動員して，自分だけの音読ブックを作ります。

使い方

❶文章を印刷したプリントを中表に折り，次のページと裏同士をのりで貼り合わせ，本の形にしていきます。外側を画用紙で挟むようにしてのり付けし，表紙にします。表紙に題と名前を書きます。時間のあるときに，好きな場面の絵も描くと，さらに素敵になります。

❷音読の工夫をしたいところに鉛筆で傍線を引き，どんな風に読みたいかを書き込みます。自分でどんどん書いていきます。

❸ページごとに工夫を発表し合います。どこをどんな風に読みたいのか，できれば根拠も言い，「では，読んでみます。」と実際に音読します。

❹音読ブックを使って，物語の好きなところが伝わるような語りの練習をします。

❺語りの発表会をするときは，最初に「〜の様子が伝わるように〜声で語ります。」などと，音読ブックから自分の工夫を紹介してから語ります。

「やりたい！」「できた！」を引き出すポイント

自分でどんどん学習を進めていく姿を「さすが！　立派な2年生になれそう！」と絶賛します。1年間の様々な国語の学習で，こんなに力がつき，こんなにかっこいい学習ができるようになったのだと指摘し，「がんばってよかったなあ。国語の勉強っていいなあ。」と思わせます。

❸の工夫を発表し合う活動では，聞いている人が「自分はそんなことは書いていなかったけど，確かにそうだなあ。その読み方，自分も取り入れたいな。いただき。」と思ったら，音読ブックに書き込むことができます。ただ聞いているのと違って，どんどん工夫を増やしていけるので，聞こうとする意欲につながります。

聞いていて「その読み方は文章に合わない。」と思ったら「それは違うんじゃないかな。」と意見を言い，文章から根拠を見つけて話し合うこともできます。

友だちの工夫を書き込ませる際は，傍線を波線にするなど，友だちの工夫を聞いて後から書き込んだものと，自分が最初から書いていた工夫との区別がつくようにしておきます。後で教師が音読ブックを見たときに，児童がどれくらい自分で読み，工夫を考えられるようになったのか，友だちの意見をどれくらい意欲的に聞こうとしていたのか見取る手がかりの1つになります。

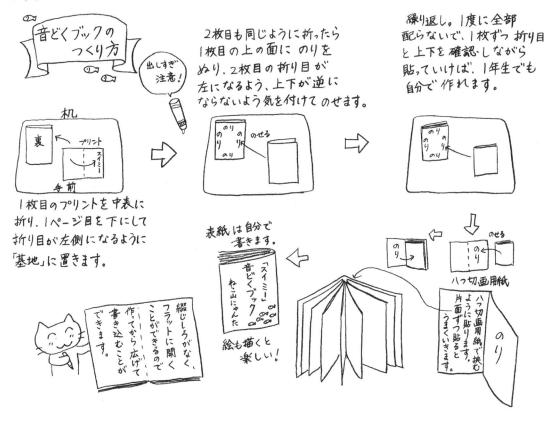

音読の工夫は，教科書に直接書き込んでもいいのですが，読む学習の1年間のまとめなので，何か形になるものができるといいなあと思い，音読ブックを作らせることにしました。

折ってホチキスで綴じると楽ですが，このやり方の方が開きやすく，書き込みをたくさんするのには向いています。コピー用紙でも，貼り合わせると厚みが出て，けっこうしっかりした感じの本になります。

思い出の作文の視写

ねらい

1年間を振り返り，心に残ったことを文章に書く練習をさせる。

必要なもの

「思い出の作文」のお手本，それを拡大したもの

使用場面

　書く学習の1年間の総まとめとして，生活科や図工とつなげて取り組む学習です。入学式のときに，まだ字の読めない新1年生に学校生活の楽しさを伝えるため，今の1年生が描いた絵を貼るけれど，その絵について新1年生が担任の先生に質問したとき，新しく来られた先生だったらこの学校の行事や学習をご存じないかもしれない，でも，絵の裏にその思い出についての作文が貼ってあれば大丈夫，という設定にしてあります。できごとがわかるように書くけれど，しかし絵の裏に貼るので1枚に収まるように書かなければならない，新1年生が直接読むわけではないので学習した漢字は大いに書きましょう，というわけです。そんな作文が書けるようにするために，練習として視写をさせるときにお手本として使います。

使い方

❶1年間の思い出の中で，来年の1年生のために絵と作文で表したいものを決めます。同じようなものばかりになると，新1年生が「この学校はこんなことばかりしているのか…」と誤解するかもしれないので，なるべくいろいろな題材になるといいということも伝えておきます。

❷お手本の作文を視写させます。拡大したものを使い，気を付けるところを確認します。

❸自分の作文を書くときには，視写した作文を参考にさせます。

「やりたい！」「できた！」を引き出すポイント

　例となる作文を視写することで，「これくらいの長さでこんな感じで書けばいいんだな。」ということが具体的にわかり，すらすらと本番の作文を書くことができます。みんなで読み合い，短い文を書くのにも苦労していた頃と比べ，力がついたことをみんなでしっかり喜び合います。

一年生ありがとう

　　　　　なつやすみに
一年かんてこ、はんたのしか
たっては。花をのことです。
かっててんくんくり、
「はっはっは。エプロハは
　ったぞ。」
といわれたけと、一年生のすきな
でかえしてもらっこと、はこ
や、んはりだ、たほくの気もちは
、くんしけん気になりました。
これからも、がんはりたいてす。

1年生が書きそうな題材を避けるため，ねこやまさんの作文にしました。

　1年間一緒にがんばって，応援したり，ピンチのときには助けたりしてくれた1年生へ，ねこやまさんからの感謝のメッセージでもあります。

　1年生は，きっと，ねこやまさんの作文を視写しながら，「自分も，2年生になってもがんばるぞ！」と思ってくれることでしょう。

第3章

授業アイテムを活用した小学1年の単元アイデア

じゃむのれしぴを きいてつたえよう

単元の概要とポイント

　教師の指示を連絡係の児童が聞いて友だちに伝えるという活動を通して，大事なことを落とさないように聞くこと，相手に正しく伝わるようはっきりと話すことの大切さに気付かせ，正確に聞き取り，伝える力を育てることをねらいとしている単元です。

　教科書では，図工に使う物を伝える設定になっていますが，1年生に「聞きたい・伝えたい」という意欲を強くもたせるとともに，正しく聞いたり伝えたりする必要性を感じる活動をさせるため，簡単な料理のレシピを聞いて伝えるという，日常生活でもありがちで，しかもやってみたくなる場面を想定しました。近年は食物アレルギーの児童が多く，卵や乳製品等，制限がある食品が多岐にわたっているため，図書館にある子ども向けの料理本の中から，シンプルでわかりやすく，アレルギーの心配のないレシピを探して，ジャムを選びました。

　授業では，連絡を伝える活動に主体的に取り組ませるため，活動の前に，どうすれば正しく聞いたり話したりすることができるだろうかという「作戦」を子どもたち自身に考えさせます。聞く・伝える活動を楽しみながら，うまくできたのは自分たちの工夫した聞き方，話し方の作戦が役に立ったからだということに気付かせ，聞く・話すことへの意欲を高め，自信を付けさせるためです。子どもたちの考えた作戦はカードに書いて教室に常時掲示し，年間を通して日常的に活用します。学習したことを，国語の学習だけでなく他の教科や日常生活でも生かそうという意識を児童にもたせたいという意図も含んでいます。

単元のねらい

○大事なことを落とさないように聞き，他の人に伝える。

単元の指導計画

時	学習活動	指導の工夫・活用アイテム
1	○大事なことを正しく連絡するための聞き方・話し方について考えるという学習課題を確かめ，正しく連絡するための作戦を考える。 ・活動の内容を知り，聞くとき，話すときの作戦を	・実際に作ったジャムを見せて，関心をもたせる。 ・絵でやり方を説明する。 ・うまくいかない例の絵を見せ

		話し合う。	ることで，聞き方・話し方の工夫に気付かせる。
		・「じゃむのざいりょう」を連絡し，ワークシートに書く。	・作戦をカードに書いて貼る。
		・活動を振り返って，作戦を生かすことができたか話し合い，次時のめあてをもつ。	・ジャムの材料を伝え，レシピワークシートに書き込む。
2	○連絡を伝え合う活動を行い，正しく連絡するための作戦が生かせたか，振り返る。		・前時の作戦を印刷したプリントをノートに貼り，作戦を確かめさせる。
	・前時の活動を振り返り，本時の課題を確かめる。		・ジャムの作り方を伝え合い，レシピワークシートに書き込む。
	・「じゃむのつくりかた」を連絡し合い，ワークシートに書く。		
	・活動を振り返って，作戦を生かすことができたか話し合う。		

指導の実際

第1時

❶導入　活動の内容を知る。
- -

　実際に教師が作ったジャムを見せ，「友だちに作り方を聞いてメモして，作ったんですよ。」と話し，関心をもたせます。学習の前にも，ジャムが出てくる絵本を学校司書の先生にたくさん選んでいただき，事前に読み聞かせたり，児童が手に取って読めるよう教室に置いたりしておくと，より効果的です。授業中には黒板の左側にそのジャムの瓶を置き，「しっかり聞いて伝えれば，自分にもジャムが作れる。」というゴールイメージを視覚的に伝えます。その上でやり方がよくわかるよう，絵を用いて活動の流れを説明します。

❷展開　「じゃむのつくりかた」を正しく連絡するための聞くとき，話すときの作戦を話し合い，作戦を使って「じゃむのざいりょう」を連絡し，ワークシートに書く。
- -

　うまくいかない例の絵を見せてその原因を考えさせることで，具体的な聞き方・話し方の工夫に気付かせます。

　T　くまさんも，ジャムの作り方を聞いて伝える勉強をしました。聞いた通りに書いたメモを見てジャムを作ったんだけど，あれ？　おいしくできなかったようですね。どうして，うまくいかなかったのでしょう。

　C　くまさんが，聞くときによそ見をしています。

　C　たぬきさんがおしゃべりしていたからだと思います。

C　うさぎさんが小さい声で話しているから，聞こえなかったんだと思います。

C　うさぎさんが，くまさんたちの方を見ていなかったからです。

T　なるほど。それで正しく伝わらなかったのですね。では，どうすれば，正しく伝えることができるのか，みんなで話すときと聞くときの作戦を考えてみましょう。

　まず，2人で話し合い，次に班で話し合わせることで，意見を出しやすくします。出された作戦は，その場で教師がカードに書き，黒板に貼っていきます。「ゆっくり話す」「はっきり話す」「目を見て聞く」「最後まで黙って聞く」などの作戦が出るよう助言しますが，児童が気付かなかった作戦は，振り返りの際，児童が実際に使っていた作戦として紹介することができるので，無理に誘導する必要はありません。

　各班の「はんちょう」を呼び，廊下でジャムの材料を伝えます。このとき，教師が先ほど子どもたちから出た作戦を使ってゆっくりはっきり話し，手本を示すことが大事です。「はんちょう」は自分の班に戻って仲間に材料を伝え，各自ワークシートに書き込みます。教師は黒板に貼った拡大ワークシートに正解を書き込み，正しく書けたかどうか確認させます。

❸まとめ　活動を振り返って，作戦を生かすことができたか話し合い，次時のめあてをもつ。

　ワークシートが書けたかどうかだけでなく，作戦ができたかどうかを，作戦カードを見せて意識させることにより，自分たちの聞き方・話し方を振り返らせます。次回は，作戦を生かして「じゃむのつくりかた」を完成させることを知らせるとともに，さっそく聞き方の作戦を使っている児童がいることを紹介し，この学習が日常に役立つことに気付かせ，意欲をもたせます。

T　ジャムの材料が伝えられましたね。どの作戦を使いましたか？

C　「めをみてきく。」です。

C　「ゆっくりはなす。」を使いました。

C　全部使いました。

T　みんなが考えた作戦はすごいですね。今も，「めをみてきく。」を使っている人たちがいますね。あっ，今，こうやって，先生の話を聞きながら，うなずいた人がいましたよ。これも，聞くときの作戦に使えるんじゃない？　書いておきましょう。「うなずいてきく。」また増えましたね。次の時間には，作戦を使って，ジャムの作り方を伝え合いましょう。楽しみですね。

第2時

❶導入　前時の活動を振り返り，本時の課題を確かめる。

　絵を用いて，本時の活動を説明します。前時に出た，聞くとき・話すときの作戦を書いたプリントを作っておき，ノートに貼らせます。その中から特に使いたい作戦を選んで赤鉛筆で丸

をつけることで，作戦を意識させます。はりきって全部に丸をつけると，かえってどれも意識しなくなるので，「特にがんばりたい作戦を，『きくとき』『はなすとき』それぞれ3つずつ」などと数を制限した方が1つ1つの作戦に意識が向きます。

❷展開 「じゃむのつくりかた」を連絡し合い，ワークシートに書く。
- -
　各班の「だいひょう」を呼び，廊下で「じゃむのつくりかた」を伝えます。話し方の手本になるように，教師がゆっくりはっきり話します。「目を見て聞く」「最後まで黙って聞く」「ゆっくり話す」「はっきり口を動かして話す」など，作戦を使っている児童を紹介し，意識付けます。児童が班の友だちに伝え，ワークシートに書き込んだところで，正解を黒板に貼った拡大ワークシートに教師が書き込み，確認します。最後にまとめて確認するより，ひとつずつ確認した方がよいでしょう。特に「つくりかた①」の「りんごをすりおろす。」の「すりおろす」という言葉は，聞き慣れない児童も多く，「すりおとす」などと間違えて伝えてしまうことがよく起こります。その場合は，なぜ聞き間違えたのか，どうすれば防げるのか考えさせ，学習を深めるチャンスです。

　T　「すりおろす」という言葉は難しくて，間違えやすいですね。どうして聞き間違えてしまったのでしょう。どの作戦を使ったら間違えなくなるのでしょう。

　C　「めをみてきく。」を使うといいんじゃないかな。

　C　「わからないときはもういちどきく。」も使うといいです。

　C　話すときは「はっきりという。」がいいと思います。

　C　「くりかえしていう。」も使ったらいいと思います。

　T　なるほど，あまりよく知らない言葉のときは，そういう作戦を使うとよさそうですね。みんなの考えた作戦はすごいね。でも，今，間違えた人たちがいたから，こんなすごいことに気付けたんだね。間違えるのも，勉強には大切なんですね。

「きゃぷてん」「たいちょう」「りいだあ」を順に呼び，レシピワークシートを完成させます。

❸まとめ　活動を振り返って，作戦を生かすことができたか話し合う。
- -
　ワークシートが書けたかどうかだけでなく，作戦を使って伝えることができたかどうかを，作戦カードを見せて意識させることにより，自分たちの聞き方・話し方を振り返らせます。使った作戦をノートで確認し，有効だったものを赤鉛筆で塗ることで，自分たちの考えた作戦が，大事なことを落とさずに伝え合うのに効果的であったことに気付かせ，日常にも生かしていこうという思いをもたせます。

　T　作戦を使ったら，ジャムのレシピを伝え合うことができましたね！これで，おうちでジャムが作れますよ。楽しみですね。どの作戦に色を塗りましたか？

　C　「めをみてはなす。」を使ったよ。

C 「だまってきく。」ができたよ。

C たくさん塗りました！

T みんなすごい！　今も，先生や友だちの話を，聞き方の作戦を使って聞いている人がい

　ますね。ほら，今，うなずいていますね。これからも，このすごい作戦を使いましょう。

作戦カードは教室に掲示し，実際に，１年間，様々な場面で活用します。

本単元の使用アイテム・ワークシート

レシピワークシート

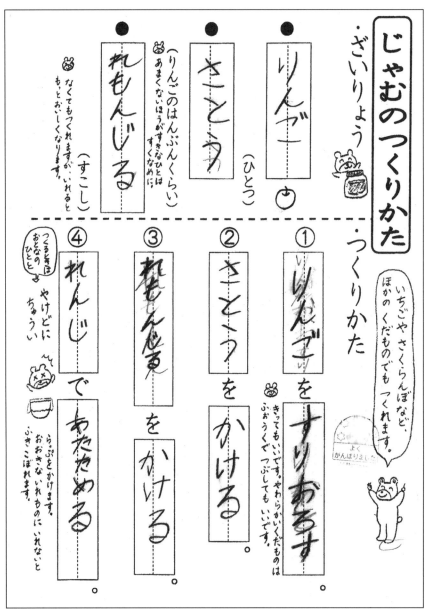

作戦カード

きいてつたえよう
★「じゃむのつくりかた」をただしくれんらくしよう。

なまえ(　　　　　)

○はなすときのさくせん
① めをみてはなす。
② おおきなこえでいう。
③ ゆっくりという。
④ はっきりという。
⑤ おおきくくちをあけていう。
⑥ はきはきとはなす。
⑦ くりかえしていう。

○きくときのさくせん
① めをみてきく。
② だまってきく。
③ よいしせいできく。
④ よそみをしないできく。
⑤ てわるさをしないできく。
⑥ しっかりとうなずいてきく。
⑦ 「わかりました。」という。
⑧ わからないときは もういちどきく。
⑨ だいじなことを くりかえしていう。
⑩ かぞえながらきく。

2 はっけんしたことを くわしくかこう

単元の概要とポイント

　身のまわりの動物や植物を観察して，気付いたことを文章に書く単元です。私の勤務校では動物を飼育していないので，秋見つけの校外学習の際に，牧場にも行って，生活科の活動として動物とのふれあいを体験させるのですが，そのときに観察してメモを書き，後日それをもとに作文を書く単元を設定しました。

　秋見つけの校外学習では，せっかく貸し切りバスで紅葉の美しい大山に行くので，３つの目的地を巡り，どんぐり拾い，秋見つけの散策，動物のえさやり，動物との触れ合いと，これでもかと活動を盛り込んでいます。動物を観察できる時間はほんのわずかです。しかも，校内の動植物の観察なら，作文を書き始めてから「もっと見ておけばよかった。」と気付いて，もう一度見に行くこともできますが，バス遠足の場合はそうはいきません。一発勝負です。そうなると，いかに「観察するぞ！　メモを書くぞ！　いっぱい書くぞ！」という意欲を事前に高めることができるかが勝負です。

　そこで，教科書の例文程度の長さの作文と，その作文が書ける程度の量のメモ，それから「書ける人はこれくらい目指してほしいな。」と期待したい程度の長さの作文と，それを書くのに必要な量のメモをサンプルとして書いてみました。

　教師自身が実際に書いてみると，Ｃ評価の子にＢ評価の作文を書かせるためにどんな手立てが必要か，Ｂ評価の子にＡ評価の作文を書かせるためにはどんな声掛けが有効か，といった支援が具体的に見えてきました。その手立てのひとつが，校外学習に行く前にメモと作文のサンプルを子どもたちに見せることです。効果はてきめん，書くことが苦手な子も，「長い作文が書きたい！」と，短時間でたくさんのメモを熱心に書いていました。

　メモを文章に書き直していく学習では，メモの言葉をどのように文に変えていくかを，具体的な例を使ってみんなで考えたり練習したりした上で書き進めました。それでも，マスの使い方を間違えるなど，書き直さなければならないことが多く，児童にとってはそれが，書くことを苦手と感じる一因にもなっています。そこで，その負担を減らすために，スモールステップで進められるよう，作文用紙はあえて短くし，１行以上書き直す場合には消して直さないで，間違えた部分を切り取り，新しい用紙を貼り足して書かせるようにしました。少しずつ書いていくうちにどんどん貼り足されて長くなっていくのが子どもたちにはうれしかったようで，「こんなに書けた！」と好評でした。完成させた児童から目印に赤白帽をかぶって「コーチ」

になり，まだ書いている友だちのそばに行って助言したり一緒に間違いを探したりするようにしました。「コーチ」役の児童も，教えることで，より理解が深まります。

単元のねらい

○動物をよく観察して，気付いたことを文章に書く。

単元の指導計画

時	学習活動	指導の工夫・活用アイテム
1	○学習の見通しをもつ。 ・「はっけんメモ」と作文のサンプルを見て，どのくらいのメモを書きたいか，目標をもつ。	・「はっけんメモ」と作文のサンプルを見せ，ゴールと目標のイメージをもたせる。
2	○動物の様子を観察し，「はっけんメモ」を書く。 ・観察する動物を決め，「はっけんメモ」に気付いたことをメモする。	・立ったまま短時間で手際よくメモができるよう，「はっけんメモ」には，予めいろいろな項目を載せておく。
3 4 5 6	○メモをもとに作文を書く。 ・書き出しの部分の書き方を知り，メモをもとに作文を書く。 ・観察したことのメモを文に書き換えるやり方を学び，自分のメモをもとに作文を書く。 ・思ったことを書き，作文を仕上げ，読み直して確かめる。	・ノート黒板を使って，マスの使い方を指導する。 ・サンプルのメモを使って，メモを文章に書き換えるやり方を指導する。 ・書き直す場合は，作文用紙を切り貼りする。
7	○作文を読み合い，思ったことを伝え合う。 ・相手を替えながら2人組で作文を読み合い，よく書けているところを見つけて伝え合う。	・いろいろな友だちによく書けているところを伝えてもらうことで，自信をもたせる。

指導の実際

第1時

❶導入　学習の見通しをもつ。
- -
　校外学習に行く前には，「どんぐりサーカス団」に来てもらって技を見せてもらい（担任団がどんぐりごまや，どんぐりやじろべえを使って，とっておきの超絶技巧を披露します。）「ど

んぐりをたくさん拾ってくるぞ！　どんぐりサーカス団に入るんだ！」と意欲を高めたり，校外学習の様々なお作法を学んだりと，たいへん忙しいのですが，この作文の学習の導入も忘れてはなりません。牧場で動物と触れ合うこと，えさやりをすること，そして，動物の様子を観察してメモに書き，後で素敵な作文に変身させることを説明します。「観察は，短い時間しかできないので，中には見ることができない動物もいると思われる。でも，みんなが自分の観察した動物の詳しい作文を書き，後で読み合えば，たくさんの動物と出会ったような気持ちになれる。」ということを伝えて，詳しく作文を書くことの必要性を理解させます。

❷展開　メモと作文のサンプルを見て，活動のゴールイメージをもつ。- - - - - - - - - - - -

　教科書を読んで，どんな学習をするのかをつかませます。

　4項目書き込んだ「はっけんメモ」と8項目書いた「はっけんメモ」，それらのメモをもとに書いた作文を拡大したものを黒板に貼り，読み聞かせます。

　　T　先生は，アルパカを観察して，作文を2種類書きました。あなたが，トム・ソーヤ牧場に行って，アルパカが見たかったのに時間がなくて見られなかったとしましょう。作文を読んで，アルパカに会った気分を味わいたいなあと思ったら，どちらの作文がいいですか？

　　C　長い方がいいです。

　　C　こっちの方がくわしく書いてあって，よくわかります。

　　C　アルパカに会った気分になれそう。

　　T　では，どちらの作文が書きたいですか？

　　C　長い作文です！

　　C　でも，こんなに書けるかなあ。

　　T　大丈夫。そんな作文が書けるようになるための国語の勉強をしましょう。きっと，あなたの作文を読んだ友だちが，「この動物を見た気持ちになったよ！」って言ってくれますよ。

　「こんな作文が書きたい。」という憧れと「でも，今の自分には書けないかも。」という現状，ギャップのある2つを，国語の学習が橋渡しすることを伝え，今後の学習に期待をもたせます。

❸まとめ　メモを書くときの目標をもつ。- -

　長く詳しい作文を書くというゴールイメージがもてたところで，「はっけんメモ」を配り，次の活動であるメモを意識させます。

　　T　この2種類の作文は，どちらも「はっけんメモ」を使って書いたんですが，それぞれメモがいくつ書いてありますか。

　　C　長い方は8つです。

C　こっちは，４つです。

T　みなさんは，牧場で，いくつくらいメモを書いてきたいですか？

C　８つです！

C　いっぱい書きたいです！

T　わあ，楽しみですね。きっと，すごい作文が書けますよ。早く読みたいな。

「はっけんメモ」に名前を書かせ，メモの書き方を説明したら，校外学習に持って行く探険バッグに挟ませます。わくわく気分は最高潮に盛り上がります。

第4時

❶導入　本時の学習のめあてをもつ。

　無事校外学習を終え，メモを作文に書き換える学習の２時間目です。前時に作文の書き出しの部分を書いたことを確かめ，いよいよ「はっけんメモ」をもとに，動物の様子を詳しく書く活動に入ることを伝えます。黒板にサンプルのメモと作文を貼り，どの部分に取り組むのか色チョークで囲んで示します。

❷展開　「はっけんメモ」をもとに文に書く。

　サンプルのメモから一例を板書し，メモに書いたことをどのようにして文に書き直していくかをみんなで考えます。子どもたちが書きそうな間違った文を提示することで，具体的にどう書いたらいいか考えさせます。

T　メモに「くび」「ながい」と書いてありました。これを文にしますよ。「くびはながいでした。」これで，どうかな。

C　ちょっと変だなあ。

T　どう書いたらいいですか？

C　「くびは，ながかったです。」

C　いいと思います。

T　なるほど。いい文になりましたね。さらに，難しいことを言いますよ。読んだ人に，どのくらいの長さか伝わるようにするためにはどうしたらいいかな。ろくろ首みたいに思われても困るよね。

C　「くびは，あしぐらいながかったです。」

C　誰の足か，わからないよ。

C　「わたしのあしぐらいながかったです。」

C　いいねえ。

T　「何とかくらい」という書き方，使えるといいですね。「何々みたい」という言葉は使えないかな。

C 「くびは，きりんみたいにながかったです。」

C わかりやすい！

T 読む人に動物の様子がよくわかる書き方がいろいろ見つかりましたね。こんな書き方も
　できますよ。「ながいくびをしていました。」

　それぞれの文例を板書し，特に，様子を詳しく伝える「〜くらい」「〜みたい」等の言葉を
使った文には花丸を描いておきます。

　メモを見ながら作文用紙に文を書いていきます。一気にたくさん書くと，間違いがあったと
きに直すのがたいへんになるので，短めの用紙に書かせ，いっぱいになったら続きは教師にも
らいに来るようにします。その際にチェックし，間違いがあれば切り取って新しい用紙を貼り
足し，書き直させます。切り取ったものを赤ペンで正し，それがお手本になります。

　　自分ではうまく文が書けない子には，思いを聞き取りながら手本を書いて渡す等，その子に
合った支援をします。

❸まとめ 　本時の活動を振り返り，次時のめあてを知る。

　　メモの，作文に書いた項目に丸をつけ，どこまで書けたか確認します。まだ書けていない項
目は，次の時間に書くことを伝えます。

T 作文がずいぶん長く書けましたね。

C ２枚目を貼ったよ。

C こんなに長く書けました。

C まだ書くことがあります。

T すごい。できあがりが楽しみですね。

板書例

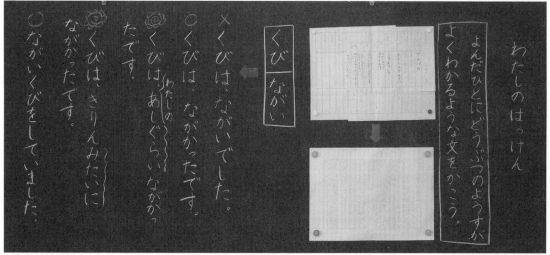

本単元の使用アイテム・ワークシート

「はっけんメモ」記入例

はっけんメモ　　一ねん　一くみ（　　）

こうもく	きにゅう	メモらん
見た どうぶつ	ヤギ	
見た 日	十月二十四日	
見た ばしょ	トムソーヤぼくじょう	
からだの 大きさ	わたしより ちょっと ちいさかった	大きい 小さい ～くらい ～より大きい
からだの いろ	しろ	
からだの いろいろな ところ　目	ほそくて そとがわは	大きさ ～みたいな かたち いろ うごき
はな	ちいさかった。	
みみ	うさぎのみみ。いろ みたい	うごき いろ
口	ちいさかった。	けの ようす うごき（あし・け・あたま・くび・おな かしっぽ…） あるきかた はしりかた
うごき		
きわった かんじ	ふさふさ した。	
なきごえ		
たべかた		

作文例

3 おはなしをたのしんでよもう

単元の概要とポイント

　物語「サラダでげんき」を読んで，登場人物が話したことなど大切な言葉や文を漫画型ワークシートに書き抜き，最後には，自分が登場してお勧めの食材を紹介する場面を作り，世界にひとつしかない漫画を完成させる，子どもたちに大人気の単元です。これは，文章を読んだり書いたりすることが苦手な児童にも関心をもたせること，それによってお話の世界をしっかり楽しめるようにすること，教材文の読み取りの学習でつけた力を生かして，発展的な言語活動ができるようになるという学習の流れの楽しさを体験させることをねらったものです。

　「サラダでげんき」は，中心人物のりっちゃんが，病気のお母さんのためにサラダを作っているところに次々と動物たちがやってきて，サラダに入れるとよい食べ物を教え，できあがったサラダを食べてお母さんが元気になるという物語です。

　登場人物の言動を読み取らせるための言語活動として，第２次で，動物たちがりっちゃんに教えたことをノートに書き抜く，第３次で，サラダに入れるとよいものを自分で考えてりっちゃんに手紙を書く，などの活動が考えられますが，手紙を書いた経験がほとんどない子どもたちなので，第３次で改めて手紙の書き方を指導する必要があります。第２次の学習が第３次の言語活動にそのまま生かせるような設定ができれば，子どもたちも「このゴールのために今こんな力をつけているんだ。」という見通しが実感としてもてると考えました。また，毎回登場人物になって手紙を書くのも悪くないけれど，吹き出しワークシートだと書き抜きやすい，毎回吹き出しを書く必然性があったら，子どもたちの意欲がもっと高まりそうだな，と考えて，漫画に仕立てることを思いつきました。

　漫画型ワークシートを作ってみると，言葉を書き抜く学習に慣れたタイミングで，アフリカ象の様子を読み取って会話を想像して書くという学習があり，最後にそれまでの学習をフルに生かして自分の登場場面を書く，というように，段階的にハードルを上げていける，理想的な単元の流れになりました。学習の流れを子どもたちが理解し，見通しをもって活動できるよう，すごろくのような楽しい学習計画図も作りました。

単元のねらい

○場面の様子について，登場人物の行動を中心に想像を広げながら読み，文章の中の大事な言葉や文を書き抜く。

単元の指導計画

時	学習活動	指導の工夫・活用アイテム
1 2	○学習の見通しをもつ。 　・全文を通読し，感想を発表する。 　・漫画型ワークシートを完成させるという単元の見 　　通しをもつ。 ○漢字とカタカナ，語句の学習をする。	・漫画型ワークシートを台紙に 　貼ったサンプルを見せ，ゴー 　ルイメージをもたせる。 ・すごろく型学習計画図で，学 　習の流れをつかませる。
3 〜 10	○人物が登場する順序に気を付けて，人物の行動や会 　話を中心に読み取る。 　・登場人物の出てくる順番や中心人物を確かめ，人 　　物カードを貼る。 　・人物の行動や会話を中心に読み取り，ワークシー 　　トにまとめる。	・登場人物の絵のカードで，登 　場人物，出てくる順番，中心 　人物を確かめさせ，漫画の台 　紙に貼らせる。 ・人物の行動や会話を読み取ら 　せ，漫画型ワークシートに書 　き込ませる。
11 〜 12	○お勧めの材料を教えるページを作り，漫画型ワーク 　シートを完成させ，発表し合う。 　・自分のお勧めの材料やお勧めの理由を考えて自分 　　のページを作る。 　・自分のお勧めの材料を書いたページを発表し合い， 　　感想を語り合う。	・ねこなどの場面のワークシー 　トの拡大コピーを黒板に貼り， 　自分が出てくるワークシート 　の参考にさせる。 ・食材が決められない児童のた 　めに，参考になりそうな料理 　の本を予め用意しておく。

指導の実際

第9時

❶導入　本時のめあてを確認する。

　学習計画図で，本時はアフリカ象の場面のページを完成させることを確認します。このページでは，本文に書かれていないことを想像して書くという活動にいよいよ初めて挑戦することを確かめ，意欲を高めておきます。「アフリカ象とりっちゃんが話したことを想像するための手がかりを見つけるためにしっかり読もう。」と，目的を意識させて，教科書のアフリカ象の場面をみんなで音読します。すらすら読めない子もいるので，みんなで声をそろえ，指で教科

書の文を追いながら読ませます。

❷展開 アフリカ象がしたことや言ったことを読み取り，アフリカ象がサラダを混ぜながら言ったこととりっちゃんが言ったことを想像して吹き出しに書く。

　この場面がそれまでの場面と異なることに気付かせ，物語に書かれていない会話を想像しなければならないことを理解させます。

　T　のらねこや犬が，いろいろな材料を教えてくれましたね。アフリカ象は，何を教えてくれたのですか？

　C　油と塩と酢です。

　T　油と塩と酢を掛けるとどうなるの？

　C　おいしくなります。

　C　味がなかったのが，味がつきます。掛けないと，おいしくないです。

　T　そうなんだ。おいしくないと，お母さんは？

　C　食べない。

　C　元気になれない！

　T　なるほど！　何と言って勧めてくれましたか？　ねこさんみたいに「サラダに油と塩と酢を入れるといいですよ。」かな。犬さんや馬さんみたいに「何と言っても…」ですか？

　C　象さんは言ってないです。

　C　象さんは，油と塩と酢を掛けて，混ぜたんです！

　T　えっ，どういうこと？　今までの動物みたいに，教えてくれたんじゃないの？

　C　飛行機で来て，「まにあってよかったよかった。ひとつおてつだいしましょう。」って。

　T　どうして飛行機で来たのかな？

　C　遠いから。

　C　急いでいたから。

　T　白くまみたいに，電報を使えばよかったんじゃない？　「ひとつお教えしましょう。」って。

　C　「ひとつおてつだいしましょう。」です。象さんが混ぜるんです。

　T　りっちゃんが自分で混ぜるんじゃだめなの？　りっちゃんではできない仕事なのかな？

　C　象さんは力が強いから。スプーンを鼻で握ってくりんくりんと混ぜました。

　C　だから「これからがぼくのしごと。」って言ったんだ。

　T　他の動物みたいに教えるのじゃなくて，象さんが来てやらないといけなかったんですね。　象さんが混ぜながら言ってることは書いてありますか？

　C　書いてないです。

　T　混ぜてもらって，りっちゃんは象さんに何と言いましたか。

　C　これも書いてないです。

112

T　2人とも黙っていたのかな。

C　きっと言ってると思う。

T　何と言ったか，考えて書いてみましょう。

　生活経験の少ない子どもたちには，「油と塩と酢」を混ぜるとドレッシングになることや，たくさんの食材をよく混ぜるのに力がいることなどが，ぴんとこないこともあるので，子どもたちの反応を見て，必要なら補助発問や補足説明で理解を助けます。

　今までの書き抜く活動とかなり違う思考が必要とされるので，いきなり書かせると「アフリカぞうは，サラダにあぶらと…まぜました。」の地の文を象の吹き出しに書いてしまう子もいます。まだ自分で想像して文を書く力が十分でない子どもたちのために，丁寧にみんなで考える時間を取ります。どんなことをアフリカ象は言いたいのか問い掛け，子どもたちの発言から文例を作って黒板の吹き出しに書きます。対するりっちゃんの言葉も，今まで通り「教えてくれてありがとう。」でいいのか問い掛けて押さえておきます。

　それでも難しい子のために，うまく書けないときは黒板をお手本にしてもいいこと，書きたいことはあるがどう書いていいかわからない人は先生に言って手本を書いてもらうことなど，手立てを伝えてから，書く活動に入ります。書けたら隣同士で読み合い，確かめさせます。

　なお，事前にA・B・C評価それぞれの想定文例を教師が自分で書いてみて，どんな手立てをすればいいか具体的に考えておくと，効果的な支援ができます。

❸まとめ　活動を振り返り，次時のめあてをもつ。

　何人か発表させます。計画図に色を塗り，次時は最後の場面を仕上げることを確かめます。

C　本当に象さんやりっちゃんが言ってるみたい。

T　すごい！　物語に書いてないことを想像して書くことができました！　最初はこんなことができるなんて思ってなかったよね。こんな力がつくなんて，国語ってすごいね。

第11時

❶導入　本時のめあてを確認する。

　待ちに待った，自分が登場する場面を作ること，これまでの学習でそのための力をつけてきたことを学習計画図で確認します。

❷展開　今までの学習を生かしながら，自分がりっちゃんに教えている言葉を考えてシートに書く。

　それぞれの場面の学習で，登場人物が話した言葉だけでなく，なぜその材料を勧めたのかを考えさせ，自分が出てくるページの参考になることを意識させておくと，この活動がうまくいきます。ねこから馬までの場面のワークシートの拡大コピーを黒板に並べて貼っておき，どのパターンで書くか考える助けにします。

T　動物たちはどうやって材料を選んでいたのでしたか。

C　自分の好きな食べ物です。

T　では，私たちも，好きな食べ物の中から選べばいいですね。決めてきましたか？　こんなのはどう？　「ガムが好きだから，ガムを勧めよう。」

C　だめ！　サラダに合わない！

T　サラダに合う物を選ばないといけないんですね。じゃあ，先生はトマトが好きだから，トマトを勧めようかな。トマトなら，サラダにぴったりでしょ。

C　だめです！　もうサラダに入っているから。

C　りっちゃんが，「教えてくれてありがとう。でも，もう入れてるの。」って言うよ。

T　なるほど！　もう入っている物もだめなんですね。教科書で確かめないといけませんね。では，「入れるとどうなるの。」には，どんなことを答えればよかったのでしたか？

C　自分が得意なこと。がんばっていることです。

C　のらねこは，木登り。すずめと，ありと，馬も，得意なこと。

C　犬は，食べ物のこと。「ほっぺたがたちまちももいろにひかりだす。ハムみたいにね。」

T　自分が選んだ食べ物は，誰の言い方が合うか，考えてみると書けそうですね。

　食材を決められなかった児童のために，サラダに入れられそうな材料が載っている料理の本を学校司書の先生に用意してもらいます。デザートなども載っている本には，参考になりそうなページに付箋を貼っておくと便利です。ブックトラックごと教室に置き，困ったらそこに行くようにします。司書教諭や学校司書の先生方に授業に入ってもらえる場合は，ブックトラックのそばで相談に乗ってもらいます。つい大人は，お勧めの理由に，どんな栄養があるかを書かせないといけないと思い込んでしまいがちなので，ここでは自分の得意なことなどを書けばいいということを，共通理解しておくとよいでしょう。

　食材は決まったものの，どう書いていいか迷っている子は，黒板に貼ったワークシートの拡大コピーを見に来るよう声を掛け，どの動物の言い方が合うか一緒に考えます。

　早くできた子には，「自分の漫画を描き込む。」「間違いがないか自分で確かめる。」「友だちと確かめ合う。」「困っている友だちのコーチになる。」などの活動を指示しておきます。

❸まとめ　活動を振り返り，次時のめあてをもつ。- -

　学習計画図の本時の印に色を塗り，次回はいよいよゴールにたどり着くことを喜び合います。

T　ついに，自分が出てくるページができましたね！　どの動物の言い方を使いましたか？

C　のらねこです。

C　犬の言い方にしました。

T　今までつけてきた力が，しっかり役に立ちましたね。次は，ついにゴールですね！　漫画を完成させて，みんなで紹介し合いましょう。楽しみですね。

本単元の使用アイテム・ワークシート

すごろく型学習計画図

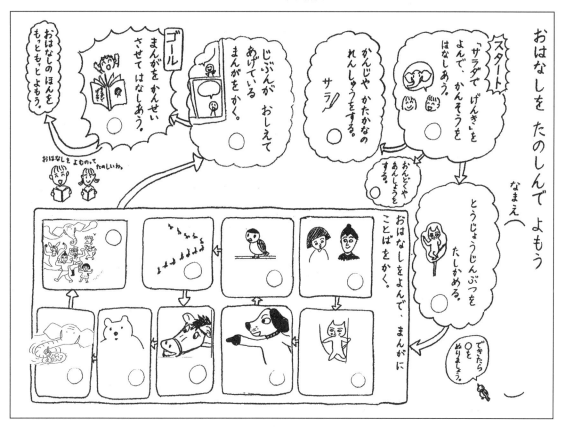

おまけです。学習発表会で「サラダでげんき」の大型人形劇をした際，100人前後の児童にはとても台詞が足りなくて，栄養士の先生に食育指導をしていただき，その内容を台本に加えることを思いつきました。これが，子どもたちに「バランスよく食べよう。」と思わせる見事な授業になり，毎年お願いしています。「赤・黄・緑」の栄養と，その３つの食べ物をバランスよく食べることの大切さを教わり，「サラダでげんき」の食材を３つに分けるのですが，きれいに３つがそろうのです。「だから，お母さんが『たちまち元気に』なったんだ！」と，子どもたちは深く納得します。しかも，よく見ると，最初にりっちゃんが作ったサラダの材料は「緑」しかありません。「ねこさんたちが教えてくれてよかったね！」と，改めて子どもたちは感心します。さらに，「黄色」は「砂糖，油」だけで，象が来なければ，「ちょっとだけ」の「砂糖」しかなく，それに気付いた子どもたちは「象さん，ほんとに『間に合ってよかった』んだ！」と驚きます。「サラダでげんき」恐るべし。

もうひとつ，おまけクイズです。「りっちゃんは，料理をするのは初めてでしょうか。」調理場面を「，」に気を付けて音読すると，子どもたちにも答えがすぐにわかります。「，」を意識して音読するようになります。りっちゃん，恐るべし。

4 のりものミッケをつくろう

単元の概要とポイント

　説明文「いろいろなふね」を事柄ごとに整理して読み取る学習をし，そこでつけた力を生かして自分で他の乗り物の本を読む活動に挑戦する単元です。

　読み取ったことを「やく目」「つくり」「できること」に整理して表に書く活動を，子どもたちがもっとわくわくできる形にできないものかと思案しているうちに，子どもたちが図書館で借りた「ミッケ」を夢中になって読んでいるのを見て「これだ！」とひらめきました。「『のりものミッケ』を作ろう！」と言うと，子どもたちの目が期待に輝きます。

　と言っても，ただ，書いたワークシートを後で縮小して，子どもたちが描いた乗り物の絵と並べて印刷し，表紙をつけて本の形に綴じるだけです。それでも，子どもたちはうれしくてたまりません。できあがった「のりものミッケ」を開き，頭を寄せて熱心に読みふけります。

　もう１つ，この単元で工夫したことは，オリジナル説明文「いろいろなのりもの」を作ったことです。

　説明文「いろいろなふね」は，「はじめ・中・終わり」の美しい構成で書かれ，それぞれの船についても，「やく目」「つくり」「できること」の順に説明するという形が繰り返されていていて，たいへんわかりやすく，１年生が説明文の読み取りの力をつけるのに適しています。

　ところが，せっかく説明文の構成を知り，「自分で読む力がついたぞ！」と自信をつけたのに，いざ他の乗り物の本を読む活動になると，その力が通用する本があまりにも少ないのです。もちろん，たくさんある乗り物図鑑などを読んで必要な情報を得る力をつけることは必要です。でも，教科書の「いろいろなふね」で学んだことと，必要とされる力があまりにも違い過ぎて，全く別物の学習になってしまうのです。多くの１年生はここでつまずき，「国語って苦手…」とがっかりします。これは，とてももったいないことです。１年の先生方の多くは，学校司書の先生と連携して，事前に乗り物の本を精読して難易度に分けておき，子どもの力に合わせて本を選んだり，図鑑で情報を得るための指導をしたりといった苦労をしておられますが，それでも，子どもたちが首をかしげながら書いてきたカードを見て，大人も首をかしげてしまうことが起きてしまいがちです。

　なんとか，「わあ，『いろいろなふね』でつけた力で別の文章がすらすら読めた！　力がついたんだ！」という喜びを味わわせたくて，「ぴったりな説明文を誰か30人分ほど書いてくれないものか。」と思っていたのですが，待っていてもしかたないので書くことにしました。

実際書いてみるとかなり難しく,「ああ, だからぴったりの本が少ないんだ。」と気付きました。単に乗り物の特徴を書くだけなら簡単そうですが,「やく目」「つくり」「できること」が論理的にきちんとつながっていて, でも,「やく目」と「できること」の表現は少し違っていて,「つくり」がその乗り物の本質を示す特徴を説明しているように書くのは, けっこう至難の業です。数種類ならともかく, 学級の30人分ともなると, 似たような乗り物の「やく目」「つくり」「できること」の差違がわからなくなってしまいます。この車の本質的な役目って何だろう…その役目から生じる最も本質的な装備って何だろう…考えれば考えるほどわからなくなります。また, なじみのない専門的な部品の名前が出てくるようでは1年生には理解ができません。でも, 苦労した分, 完成した説明文「いろいろなのりもの」は子どもたちが自分の力で読み取ることができ,「力がついた!」と実感させることができました。他の乗り物の本もたくさん用意しておき, 余力のある児童はそれらの本にも挑戦させました。

単元のねらい

○書かれている内容を事柄ごとに正しく読み取り, 他の本を読んで調べたことを事柄ごとにまとめる。

単元の指導計画

時	学習活動	指導の工夫・活用アイテム
1 2	○学習の見通しをもつ。 ・「いろいろなふね」の全文を読む。 ・「いろいろなふね」の学習で読み取りの力をつけ, 「のりものミッケ」を作るという見通しをもつ。 ○漢字とカタカナ, 語句の学習をする。	・前の1年生が作った「のりものミッケ」を見せ, ゴールイメージをもたせる。 ・「すごろく型学習計画図」で, 学習の流れを説明する。
3 4 〜 8	○「いろいろなふね」の構成を理解する。 ・段落番号を書き, どこに何の船のことが説明されているか確かめる。 ○それぞれの船について事柄ごとに読み取り,「のりものミッケワークシート」に書く。 ・「やく目」「つくり」「できること」に色分けして教科書に傍線を引く。 ・読み取ったことを「のりものミッケワークシート」に項目ごとに分けて書く。	・「はなそうきこうメモ」と同じ形になっていることに気付かせる。 ・「のりものミッケワークシート」を使い, 慣れさせておく。 ・ワークシートはノートに貼らせる。船の絵を印刷したものも貼り,「いろいろなふねミッケ」という形にする。

9〜12	○オリジナル説明文「いろいろなのりもの」などを読んで「のりものミッケワークシート」に書く。	・オリジナル説明文「いろいろなのりもの」のページをばらばらにし，教室に並べて選ばせる。
	・「いろいろなのりもの」を読んで自分のページを決める。	・苦手な子にはサインペンで色分けをしてページに傍線を引かせる。
	・「のりものミッケワークシート」に読み取ったことを書く。	
	・ワークシートを読み直して確かめる。	・早くできた子は他の本に挑戦させる。
	・早くできたら，他の乗り物の本も読んでワークシートに書いたり，友だちの相談に乗ったりする。	
13	○友だちと「のりものミッケ」を読み，乗り物を探して楽しむ。	・ワークシートを編集して「のりものミッケ」の本にする。

指導の実際

第8時

❶導入　学習の見通しをもつ。 -

　学習計画図（→ p.65）で，本時は「いろいろなふね」の最後の船「しょうぼうてい」の読み取りに取り組むこと，そしてその次はいよいよ自分で説明文を読んで「のりものミッケ」に挑戦することを確認します。

**❷展開　**「しょうぼうてい」についての説明文を読み，「のりものミッケワークシート」に事柄ごとにまとめる。 -

　子どもたちは既に3種類の船について読み取り，ワークシートに書く学習を重ねています。最初の「きゃくせん」では，文章のどこに何が書かれているのかということや，ワークシートに書くときの文頭，文末の処理のしかたを学びました。続く「フェリーボート」では，前時につけた力で読み取れることに気付き，「これは，できるぞ！」と自信をつけます。3番目の「ぎょせん」は，少し文章が変わっています。「このふねの中には〜あります。」が「このふねは〜をつんでいます。」になり，「できること」の「人は」が文頭から消えています。少し，自信が揺らぎます。でも，それも無事読み取って，「どちらのパターンでもどんと来い！　もう，何も怖くない！」という状態です。満を持して登場の「しょうぼうてい」，ここは，力試しをさせたいところです。

　そこで，時間を与え，自分で教科書に色分けして傍線を引き，ワークシートに書き込む活動に取り組ませます。必要な子に支援を行います。書けたら，まずは自分で，次に隣同士で確か

めます。みんなができたら発表させ，板書します。

T　すごい！　自分の力でできましたね！　みんなで確かめてみましょう。役目は？

C　「ふねの火じをけす。」

T　そのために，「つくり」は？

C　「ポンプやホースをつんでいる。」

T　ポンプやホースがあるから何ができる？

C　「火じがあると，水やくすりをかけて，火をけす。」

T　待って，船には，食堂があるものもあるんでしたよね。料理で火を使っているかもしれませんよ。その火も消されちゃうの？

C　それは消さない。火事だけ消します。

C　「火じがあると」って書いてあるから。

C　「ふねの火じをけすための」だから。

T　ああ，よかった。他の船と同じように，消防艇も「やく目」「つくり」「できること」が…。

C　全部，つながってる！　すごい！

T　船ってすごいですね。でも，この説明文を書いた人，筆者は，このことに気がついているのかな。

C　絶対気がついていると思う。だから説明文を書いたんだと思う。

T　証拠があるかな？　探してみましょう。どの船もきちんと「やく目」と「つくり」と「できること」が合っているって，どこかに書いておられるかな？

C　あった！　14段落！

C　「いろいろなふねが，それぞれのやく目にあうようにつくられています。」って，書いてあります！

T　わあ，すごい！　これが，この説明文を書いた人，筆者が，みんなに一番伝えたいことだったんですね。

ワークシートをノートに貼らせ，ノートに「いろいろなふねミッケ」が完成します。

❸まとめ　活動を振り返り，次時のめあてをもつ。

学習計画図に色を塗り，次はいよいよ「のりものミッケ」に挑戦することを確かめます。

C　次は「のりものミッケ」だ！

T　今日は自分たちで「しょうぼうてい」の「のりものミッケ」を完成させることができましたね。最初は，こんなことができるとは思っていませんでしたよね。この国語の勉強で，すごく力がつきましたね。みんな，すごい！　「のりものミッケ」もできそうですね。

C　早くやりたいな！

オリジナル説明文「いろいろなのりもの」

大雪で断水が続き，実際に給水車のお世話になったので，「大ゆき」という言葉を入れました。

きゅう水車は、のみ水をはこぶためのじどう車です。

この車は、大きなタンクをつんでいます。

じしんや大ゆきなどで水どうがつかえなくなったときに、タンクに入れた水をくばります。

ここに，乗り物の写真を載せています。「つくり」がわかりやすい写真が望ましいです。

ろめんせいそう車は、どうろをきれいにそうじするためのじどう車です。

この車には、ブラシと、ごみを入れるタンクがあります。

どうろのごみをブラシであつめてタンクに入れ、どうろをきれいにします。

「ブレード」という言葉を「大きないた」と書き換えました。読んだ1年生が「ふうん，そうですか。」と知識を得るのではなく「ああ，なるほど，そうか！」と納得できる説明文にしたいと思いました。

じょせつ車は、どうろにつもったゆきをとりのぞくためのじどう車です。

この車には、ゆきをおしのける大きないたがあります。

いたでゆきをおしのけ、ほかの車がどうろをとおれるようにします。

保育園出身者もいるので，配慮しました。「幼稚園バス」を調べると動物などの形をした楽しいバスが目を引きますが，その外観に注目すると行き詰まります。そんな形の幼稚園バスばかりではないし，動物型の「サファリバス」もあり，幼稚園バスの本質的な「つくり」ではないと思われます。

ようちえん・ほいくえんバスは、こどもたちをおくりむかえするためのじどう車です。

この車には、ひくいざせきがたくさんあります。

たくさんのこどもたちを、あんぜんにおくることができます。

製本した「いろいろなのりものミッケ」の1・2ページには，自分が書いたワークシートを貼ります。そうすると，世界に1冊しかない，自分だけの本になります。

のりものミッケワークシート

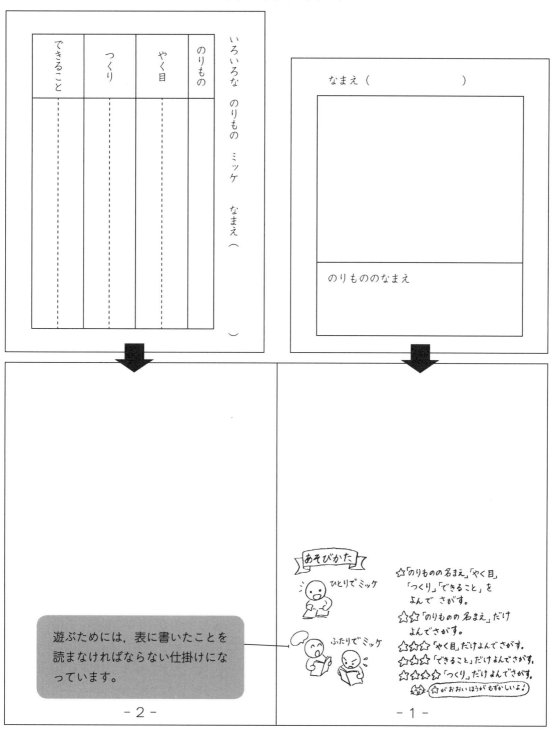

遊ぶためには，表に書いたことを読まなければならない仕掛けになっています。

あそびかた

ひとりで ミッケ

ふたりで ミッケ

☆「のりものの名まえ」「やく目」「つくり」「できること」をよんで さがす。

☆☆「のりものの名まえ」だけよんでさがす。

☆☆☆「やく目」だけよんでさがす。

☆☆☆「できること」だけよんでさがす。

☆☆☆「つくり」だけよんでさがす。

☆☆☆がおおいほうがむずかしいよ！

- 2 -

- 1 -

5 いろいろなおはなしをよもう

単元の概要とポイント

　この単元では，場面の様子に着目し，登場人物の行動を想像しながら物語を読む力をつけることをねらっています。子どもたちが物語の世界にどっぷり浸る楽しさを味わいながら，読み取る力をつけていけるよう，2つの流れの活動と様々な楽しい仕掛けを盛り込んでいます。

　1つの流れは，物語「おとうとねずみチロ」で読み取ったことを音読に生かし，家族に聞いてもらう家庭内音読発表会を行う学習です。もう1つは，学習と並行していろいろな絵本を読み，最後に，読んだ絵本の中からお気に入りの本を選んで「おはなしカード」におもしろかったところを書き，友だちと伝え合う学習です。

　この単元に入る前に行うことが2つあります。

　まず，「チロのことばコーナー」（→ p.44）のチロに毛糸のチョッキを着せ，ほどいて見せて，「毛糸は，ほどき，編み直すことができるものだ」ということを教えておくことです。これで，読み取りの際に，おばあちゃんからの手紙の「あたらしいけいとで，おまえたちのチョッキをあんでいます。」のうれしさが，毛糸になじみのない子どもたちにも理解できます。

　もう1つは，絵本『こんにちは　おてがみです』（福音館書店）を読み聞かせることです。この絵本は『こどものとも』50周年を記念して出版されたもので，『ぐりとぐら』『だるまちゃん』など，子どもたちの大好きな絵本の主人公からの手紙が，絵本のページに貼り付けられた封筒に実際に入っている，遊び心満点の楽しい絵本です。巻末に折り込まれている特大ページには，絵本の主人公たちがたくさん集まった「こどものともひろば」が描かれています。この「こどものともひろば」の中に，なんと「サラダでげんき」の登場人物りっちゃんたちもいるのです。大きな絵にびっしりと描き込まれた絵本の主人公たちの中に，りっちゃんを見つけたときの1年生たちの喜びようといったらありません。さて，これで，仕込みは完了です。

　ある日，教室に，大きな封筒が届きます。差出人は，「こどものともひろばのなかまたち」！　中には，「こんどは『おとうとねずみチロ』のべんきょうだよ。」という手紙や，児童1人1人宛ての封筒が詰まっています。個人宛ての封筒には，「いろいろなおはなしをよもう」の学習計画の図，ブックリスト，ふりかえりカードが入っています。その封筒をノートに貼るとなんと，憧れの絵本『こんにちは　おてがみです』みたいになるではありませんか！

　かくして，「いろいろなおはなしをよもう」の学習が始まります。

　手紙が届くと，ブックリストに載っている本をいっぱい並べたブックトラックがいつの間に

か廊下に置かれます。並行読書の始まりです。後で選んだ本を紹介し合うことを意識させ，朝読書などでどんどん読ませます。リストには，教科書で紹介されている本だけでなく，「こどものともひろば」の巻末のリストに載っている本も入っています。ブックトラックには「こどものともひろば」と看板をつけます。

　授業では，読み取ったことを生かして様子が伝わるように音読に磨きをかける活動を展開していきます。子どもたちにとっては，家で「音読発表会」を行うことがゴールで，「おうちの人に『すごい！』と言ってもらおう！」とがんばりますが，教師にとっては，表向きは「リハーサル」の，教室での音読発表が，実は単元のゴールの１つとなっています。

　学習発表会で「おとうとねずみチロ」の音読劇をやることもあり，その場合は，音読劇で観客を感動させることが音読を高めていく最終目標となり，「家庭内音読発表会」にも，学習発表会への期待を高めてもらう場としての意味合いをもたせます。

単元のねらい

○事柄の順序や人物の行動に注意して，様子や気持ちを想像しながら読み取る。
○読み取ったことを生かして，様子が伝わるように音読する。
○読書を楽しみ，進んでいろいろな物語の本を読む。

単元の指導計画

時	学習活動	指導の工夫・活用アイテム
1 2	○学習の見通しをもつ。 　・全文を通読し，感想を話し合う。 　・学習の流れを知る。 ○漢字とカタカナ，語句の学習をする。	・「こどものともひろばのなかまたち」からの手紙で，学習への期待を高める。封筒をノートに貼らせる。 ・すごろく型学習計画図で，学習の流れをつかませる。
3 〜 10	○場面ごとに様子を読み取ったり，気持ちを想像したりし，読み取ったことを活かして音読をする。 　・場面に分け，それぞれ誰が何をしている場面か話し合い，学習計画図に書き込む。 　・会話文をどのように読むか話し合い，考えた音読の工夫を教科書に書き込む。 　・家庭での音読発表会のためにリハーサルをし，助言をし合う。	・ロール式地図と黒板上部掲示システムで，チロの様子を実感させる。 ・ふりかえりカードで毎時の具体的なめあてを意識させ，意欲を高める。 ・家族への音読発表会招待状を作らせ，意欲を高める。

| 11
〜
17 | ○「おとうとねずみチロ」や選んだ本のおはなしカードを書く。
・「おとうとねずみチロ」のおはなしカードを書く。
・ブックリストから紹介する本を選び，おはなしカードを書く。
・2人組でおはなしカードを紹介し合い，読みたくなった本などの印をブックリストにつける。 | ・ブックリストと「こどものともひろば」のコーナーで，並行読書をさせておく。
・ブックリストに印をつけながらおはなしカードの交流をすることで，もっと読もうという気持ちにさせる。 |

指導の実際

第9時

❶導入 本時のめあてを確認する。

　学習計画図で，チロが叫んでいる場面の音読の工夫をすることを確かめます。この場面は比較的長い上，内容が濃いので，前時に会話文を探す活動をしておきます。その際，「おばあちゃあん，おばあちゃあん，おばあちゃあん，おばあちゃあん……。」という言葉は，チロがそう4回繰り返して言ったのではなく，声が響いて聞こえたのだということを押さえておきます。イメージをつかませるために，「おばあちゃあん，〜」をカードに書き，4つに切り分けて教室の窓にだんだん遠くなるように貼ります。(学習発表会の音読劇では，この場面で，こっそり何人か児童を会場の中程と後方に行かせておき，舞台で「おばあちゃあん……。」と叫んだのに合わせて台詞を言わせ，声が聞こえるのがだんだん後ろの方になる感じを再現します。観客がはっと驚く演出になります。) この時間は，前時に確かめた会話文のカードが既に黒板に貼られた状態で授業を始めます。

❷展開 チロが言った言葉の音読の工夫を考え，教科書に書き込む。

　会話文をどんな声で読んだらチロの様子が伝わるか，隣同士で相談させます。

　T　「そうだ，いいことかんがえた。」は，どんな声で言ったらいいか，相談してみよう。

　C　うれしそうに言ったらいいと思います。

　T　じゃあ，うれしそうに読んでみよう。

　C　「そうだ，いいことかんがえた。」

　T　みんなは，今，わりとゆっくり，「そうだ，いいことかんがえた。」ってうれしそうに言ったんだけど，このときチロはゆっくりしてたのかな。

　C　ゆっくりしてない。

　T　どうしてわかるの？

C　そとにとびだしていったから。

T　とびだして。どんな感じ？　なんか，似たような言葉があったよね。

C　「とびこんで」って，「サラダでげんき」にあった！

C　走って。急いでた。

T　じゃあ，どんな言い方？

C　もっと速く。

T　うれしそうで，でも，速く言ったってこと？　読んでみて。

C　「そうだ，いいことかんがえた。」

C　いい！（音読の工夫を教科書に書き込む。）

T　つぎは「おばあちゃあん，……。」どんな風に読んだらいいですか？

C　大きい声で言ったらいいと思います。

T　どうして大きい声で言ったらいいと思うの？

C　おばあちゃんちは遠いから。

T　遠くって，書いてある？

C　書いてない…。

C　ずっとむこう。

T　じゃあ，みんなはおばあちゃんの家は遠いって言うんだけど，どんなに遠いか，確かめ
　てみましょう。（ロール式地図を出す。）ここがチロの家だとしましょう。チロが家を？

C　飛び出していった。

T　飛び出して，どうしたの？　なんて書いてある？

C　丘。

T　あ，家の前は丘ですか。

C　どんどんどんどん走って行って。

T　ちょっと待って，どんどん走って行くんですか？

C　違う！

C　どんどんどんどん。

T　どんどん走って行くのと，どんどんどんどん走って行くのと，どう違うの？

C　どんどんどんどんの方が，もっと遠くに走って行く。

T　チロは，もっと遠くに走って行くんですね。（地図に言葉のカードを貼り，地面の線を
　描く。）走って行ったら？

C　丘。

T　丘があって，チロはどこにいるの？（子どもたちに言葉を言わせながら，その通りに，
　「おかのてっぺんの木に立つと，たにをはさんで，たかい山が見えました。」を地図に言葉
　や絵のカードや線で表していく。）それで？

C　おばあちゃんのうちは，ずっとむこうがわ。

T　ちょっと待って。「むこうがわ」じゃないんだね。

C　ずっと。

T　ずっとって？　どういうこと？

C　もっと。もっと遠い。

T　もっと，遠いんですね。（端まで線を描き，おばあちゃんの家のカードを貼る。）

C　うわあ，遠い…。

T　チロは，どこにいるの？（地図で改めてチロの位置と小ささを確認させ，それに比して途方もない距離感をつかませる。）チロは，「そうだ，いいことかんがえた。」って，はりきって飛び出していったんだよね。でも，今，何が見える？

C　高い山。

T　おばあちゃんち，見える？

C　見えない。

T　チロ，どんな気持ち？

C　どきどきしてる。

C　声が届くかわからん！

T　そうだよね。でも，おばあちゃんに届けないとね。どんな声？

C　もっともっと大きな声。

C　いっしょうけんめいで，大きな声。

T　読んでみよう。

C　おばあちゃあん！

T　…すごいね。68ページを読んだら，おばあちゃんの家がこんなに遠いってわかりましたね。それがよくわかるようにもう一度68ページを読んでみよう。

　音読している間にロール式地図を持ち上げ，黒板上部掲示システムで固定します。黒板の「おばあちゃあん，……」のカードを外し，大きな字で書き直し，「大きな声」を印象付けます。他の会話文も，証拠となる言葉を探させながら，どんな声で読むか話し合わせ，音読の工夫を教科書に書き込ませます。「大きな声」のときは，「おばあちゃあん，……」より大きいのか，記述に基づいて考えさせ，板書のカードを取って，大きな字で書き直します。

❸まとめ　活動を振り返り，次時のめあてをもつ。- -

　学習したことを生かして，本時の場面の音読をさせ，ふりかえりカードに色を塗らせます。

T　最初の音読より，様子が伝わる音読になっていたら拍手をします。がんばってね。

C　（音読）

T　すごい！　最初の音読と全然違いますね。本当に，ここにチロが来たかと思いましたよ。

本単元の使用アイテム・ワークシート

すごろく型学習計画図

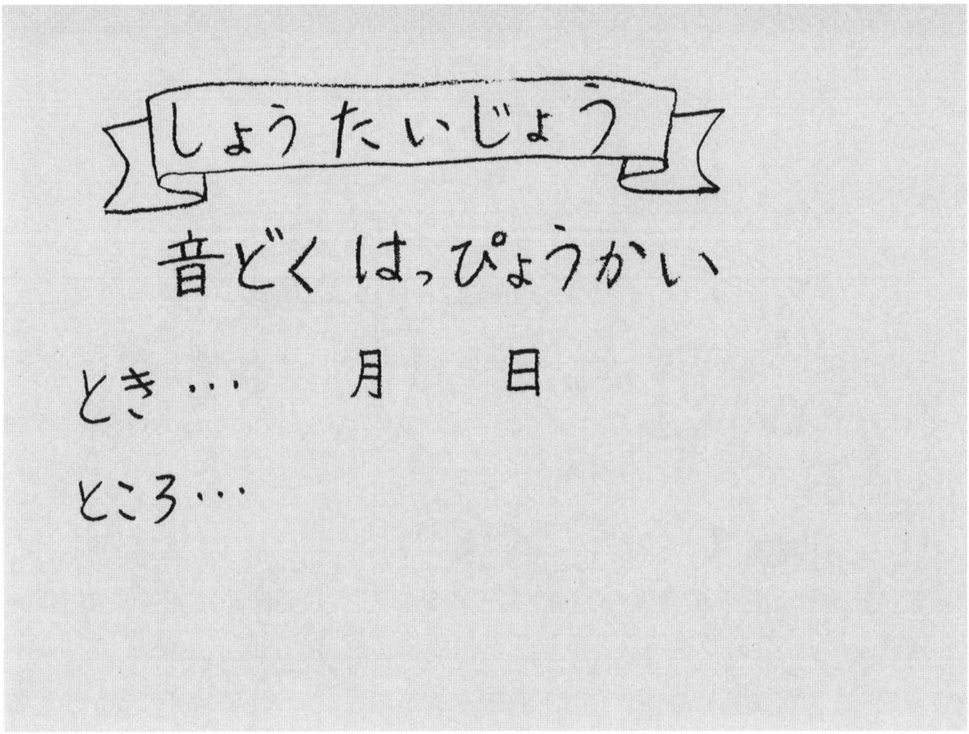

しょうたいじょう

音どく はっぴょうかい

とき … 　 月　 日

ところ…

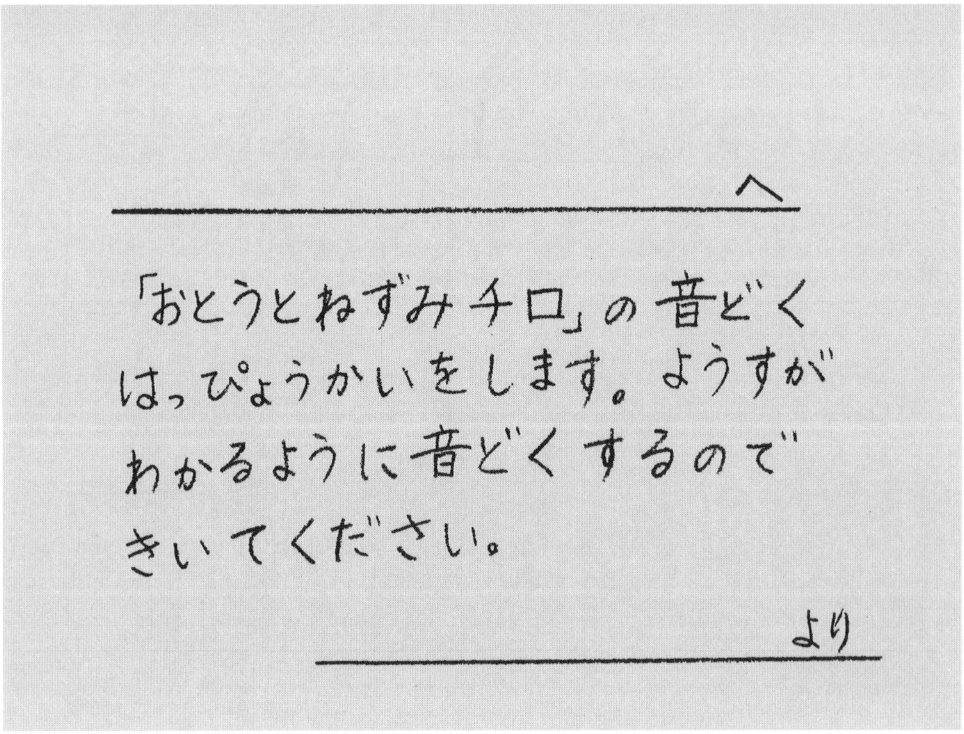

＿＿＿＿＿＿＿＿＿＿＿＿＿＿＿＿＿＿へ

「おとうとねずみ チロ」の 音どく
はっぴょうかいをします。ようすが
わかるように 音どく するので
きいてください。

　　　　　　　　　　　　　より

＿＿＿＿＿＿＿＿＿＿＿＿＿＿＿＿＿＿

　　先日，教室に大きな手紙が届き，中には１年生ひとりひとりあての手紙が入っていました。その封筒が国語のノートに貼ってあるので，ご覧になった方はご存知と思いますが，その中に学習計画表と振り返りカードが入っていました。今，その計画表に沿って学習をしています。子どもたちは，最後におうちで「おんどくはっぴょうかい」をして，おうちの人に聞いていただくことを目標としてがんばっています。学習がゴールに近づいてきたら，お子さんが家庭内音読発表会を企画されますので，以下の点についてご協力ください。

(1)　家族のみなさんがじっくり聞ける日時が設定できるよう，助言をお願いします。

(2)　しっかり誉めてください。「チロの様子が伝わってきた。」「ずいぶん上手になって感心した。」「チロが言ってるみたい。」など…。失敗しても，いい点を見つけてください。「もっとこうしたら…」という指導は学校でやりますから，自信をつけ，次のやる気を引き出すことに専念してください。

(3)　「ふりかえりカード⑧」に，温かい誉め言葉をたっぷり書いてください。お子さんが「がんばってよかった！」と思い，国語好きになられますように…。

(4)　音読は，脳の発達によく，国語の力を伸ばすのに適した優れた学習法です。ひいては，他の教科の力にもつながります。「あなたの音読を聞くと元気が出る。」「今日も聞きたいな。」などの魔法のひとことを，日常的に掛けてください。

　　よろしくお願いします。

（学年通信より抜粋）

　　毛糸と同じように，子どもたちの生活から消えてしまったものに，「ししゅう」があります。２年生の「名前を見てちょうだい」（東京書籍）に出てきます。以前は子どもたちの持ち物の中に名前や絵のししゅうが何点か見つかったものですが，ミシンによるししゅうさえ見当たらなくなってしまいました。子どもたちに「ししゅうって何？」と聞くと，「ラベルに名前ペンで書いて貼り付けること。」などと答えます。そんな子どもたちに針と糸の説明をし，１針１針ちくちく縫って文字や絵を縫い付けることを話すと，「ええっ，そんなものがあるんだ。」と驚き，「それなら，えっちゃん，帽子を取り返そうとがんばるよなあ。」と深く納得するのです。その後，何人か「ししゅうしてもらった！」とうれしそうにハンカチや手袋を持ってくる子が現れます。ほうっとため息をついて，周りの子たちも見とれます。入学前の保護者の方々に伝える機会があるときは，この話をして，「もしできれば，１点でいいから，何か持ち物に名前をししゅうしてみてください。」とお願いしています。

伝統的な言語文化　　教材「まとめてよぶことば」（東京書籍）

6 ことばをあつめよう

単元の概要とポイント

　仲間になる言葉を集め，それらをまとめて呼ぶ言葉について理解するという短い単元ですが，楽しく意欲的に学習できたらと思い，ミステリー風の物語仕立てにしてみました。

　子どもたちにとってはおなじみのねこやまさんに登場してもらい，怪盗どんぐりに花屋の花の名前カードを散らかされて困っているねこやまさんを助けるために，子どもたちは怪盗どんぐりの挑戦を受け，ゲーム仕立ての学習に挑戦します。

　物語は2段構えになっています。まず，「仲間になる言葉」と「まとめて呼ぶ言葉」について理解させるため，花の名前カードを元通りに直すという課題に取り組ませます。次に，怪盗どんぐりの挑戦状が届き，1人1枚ずつ配られた「ことばカード」を仲間ごとに集め，「まとめて呼ぶ言葉」を考えるという学習に取り組みます。どきどきしながらみんなで力を合わせて課題を解決し，ねこやまさんを無事助け，子どもたちは大興奮です。

　子どもたちが大いに燃えるのは，ただ怪盗どんぐりの挑戦を受けるのではなく，ねこやまさんを助けるという要素があるからです。いつだって子どもたちは，誰かのためにがんばるという状況になると，いつも以上に熱く燃えます。だから，朝，元気がなくてめそめそ泣いている子に「今日は〇〇さんの誕生日だよ。手紙係さん，お誕生日のお手紙作ってあげるんだったよね。今日渡してあげないとしょんぼりするよ。」とささやくと，ぱっと顔を上げて急いでかばんを片付け始めるのです。「給食センターのみなさんは，今頃，食缶にいっぱい残って返ってきたらどうしよう…と，どきどきして待っておられるよ。」と言うと，がんばって食べるのです。「誰かを助けるヒーロー・ヒロインになりたい。」という心が子どもたちの中にあるのだと思います。これは，そんな子どもたちの心を大いにくすぐる，とっておきの学習です。

　優しい子どもたちは，ねこやまさんだけでなく，怪盗どんぐりにも優しくて，「今日はすごい勉強ができたね。」と言うと，「もしかしたら，怪盗どんぐりは，みんなに大事な勉強をさせたくて，いたずらをしたんじゃないのかな。」「怪盗どんぐりさんのおかげだね。」などと言う子もいます。

　ねこやまさんを助けた後は，ノートにどんどん言葉集めをさせます。やり方を最初に丁寧に指導し，後は授業中だけでなく，何か課題が早く終わったときの自習や家庭での自主的な学習として取り組んでもよいことを教えます。自主的な学習の楽しさに気付かせるのに最適な活動です。

単元のねらい

〇仲間になる言葉を集め，それらをまとめて呼ぶ言葉について理解する。

単元の指導計画

時	学習活動	指導の工夫・活用アイテム
1	〇仲間になる言葉とそれらをまとめて呼ぶ言葉との関係を理解する。 ・ばらばらになった花屋のカードを元に戻すことにより，仲間になる言葉とそれらをまとめて呼ぶ言葉があることを知る。 ・仲間になる言葉をみんなで集め，まとめて呼ぶ言葉を考える。 ・まとめて呼ぶ言葉をさらにまとめて呼ぶ言葉があることに気付く。	・ねこやまさんの花屋のお話で関心をもたせながら，仲間になる言葉とそれらをまとめて呼ぶ言葉との関係を理解させる。 ・「怪盗どんぐりの挑戦状」を使い，ゲーム感覚で，言葉集めと「まとめてよぶことば」の学習に引き込む。 ・食べ物ばかりの「ことばカード」にすることで，まとめて呼ぶ言葉をさらにまとめられることに気付かせる。
2〜3	〇仲間になる言葉とそれらをまとめて呼ぶ言葉を自分で集めて書く。 ・教科書でいろいろな「仲間になる言葉」「まとめて呼ぶ言葉」があることを知る。 ・ノートに言葉を集めて書く。	・「ことばカード」「まとめてよぶことばカード」を貼った黒板と同じ形でノートに書かせ，理解を助ける。

指導の実際

第1時

❶導入　仲間になる言葉とそれらをまとめて呼ぶ言葉があることを知る。

　ねこやまさんの花屋に怪盗どんぐりが現れ，花の名前のカードをもらっていこうとして失敗し，散らかしていったというストーリーを語ります。大好きなねこやまさんのピンチを子どもたちは放っておけません。

　それを直していく過程で，子どもたちは「花」というカードが実はお店の看板であることに

気付き，「花」という名前が，個々の「チューリップ」「ひまわり」といった名前とは違うものだということに自然と思い至ります。そこで「なかまになることば」「まとめてよぶことば」という概念を教えます。

❷展開 　仲間になる言葉をみんなで集め，まとめて呼ぶ言葉を考える。- - - - - - - - - - - - -

「なかまになることば」と「まとめてよぶことば」を知ったところで，次のゲームが始まります。

T　でも，ねこやまさん，まだ泣いているよ。ねこやまさん，どうしたの？　えっ！　たいへん！　大事なエプロンがないんだって。

C　あっ！　怪盗どんぐりが持っていったんじゃないかな。

T　そうかもしれないね。

　　ん？（厳しい表情になり，動きを止める。）

　　しっ。さっき，何か音がした。（抑えた声で。）

　　動かないで。静かに。（子どもたちが見に行かないよう，鋭く制する。）

　　（すっと廊下に行き，予め隠しておいた封筒を持って教室に戻る。）

　　（緊張した面持ちで。）こんな封筒があったよ。何だろう。

C　怪盗どんぐりかな。

T　（中から挑戦状を出して見せ，読み聞かせる。）どうする？　やってみる？

C　やる！

C　やってやろうじゃないの！

C　負けるもんか。

T　じゃあ，確認ね。このカードを１枚ずつ持つのね。で，仲間で集まるんだって。さっき勉強した「なかまになることば」だね。でも，仲間ができるまでひとことでもしゃべっちゃ負けなんだって…ええっ，そんなこと，みんなできる？

C　できる！

C　みんな，しゃべっちゃいけんぞ。

カードを配り，走らないこと，教室の広いところで集まること，など，安全に配慮した指示も出しておきます。自力で仲間を見つけられないかもしれない児童が迷子にならないよう，黙ったまま，手招きしたり指さしたりといったやりとりをして助け合ってもいいことを伝えます。

　静かになったら，ゲーム開始の合図をします。困っている子がいないか，目を配ります。けっこう上手に助け合います。仲間で集まったら，その場に座るよう合図します。

　赤い枠で囲んだ「まとめてよぶことば」のカードとペンを各グループに配ります。ここからは相談が必要なので，しゃべるのはＯＫです。書けたら，グループごとに前に来させ，１人ずつカードの言葉を読み上げ，グループみんなで「まとめてよぶことば」を言います。それを黒

板に整理して教師が貼っていきます。後でノートに言葉集めをするときの原型になるよう並べて貼ります。また，黒板の上の方をカード1枚分空けておきます。

　この怪盗どんぐりの「ことばカード」は「さかな」「パン」「やさい」などの仲間になる言葉で，全部並べて貼ると，さらに大きくまとめることができるようになっているのです。

　　T　できましたね！　みんな，すごい！　あれ？　この「まとめてよぶことば」って，どれも…

　　C　あっ！　「たべもの」だ！

　　C　ほんとだ！　みんな，「たべもの」だ！

　　T　そうか，「まとめてよぶことば」を「まとめてよぶことば」もあるんですね。すごい発見ができたね。

　カードがずらりと並んだその上に，「たべもの」と書いた「まとめてよぶことば」のカードを貼ります。

　　T　あっ。また，音がした。じっとしてて。（廊下に出る。）

　　　　（封筒を持ってすぐ戻ってくる。）また封筒があったよ。

　　　　（開けて，中からエプロンを出す。）

　　C　やった！　ねこやまさんのエプロンだ！

　　C　ねこやまさん，よかったね。

　　T　みんな，やったね。（泣いていたねこやまさんの絵を裏返して，エプロンを着けた笑顔の絵にする。）ほら，ねこやまさんがありがとうって言ってるよ。

　　　　「まとめて〜」「なかま〜」の言葉の力のおかげで，ねこやまさんを助けてあげられたね。

　　　　もっと，この力を磨こう！

❸まとめ　本時のまとめをし，次時のめあてを知る。--------------------

　ノート黒板を黒板のことばカードの横に貼り，ノートに言葉集めを書くことを説明します。時間があれば，気持ちが高揚しているこの時間のうちに書き方の説明をし，すぐにでも始められるようにしておきます。

　書き方を理解させるため，最初は「どうぶつ」などみんなで同じ言葉集めをさせ練習させます。言葉と言葉の間を1マスあけること，「まとめてよぶことば」は赤で囲むこと，何個言葉を集めたか数えて数を記入しておくことなどを押さえておきます。どんな言葉を集めたらいいか決められない児童のために，まとめて呼ぶ言葉をいくつか挙げさせ，画用紙に書いて，掲示しておき，困ったらそこから選べるようにしておくとよいでしょう。

　　T　言葉を集めてノートに書く勉強のやり方はわかりましたか？

　　C　はい。今日から書いてもいいですか？

　　C　家でやってもいいですか？

T　もちろん！　やる気があってすごいですね。ますます言葉の力がつきますね。
C　いっぱい集めるぞ。

本単元の使用アイテム・ワークシート

板書例

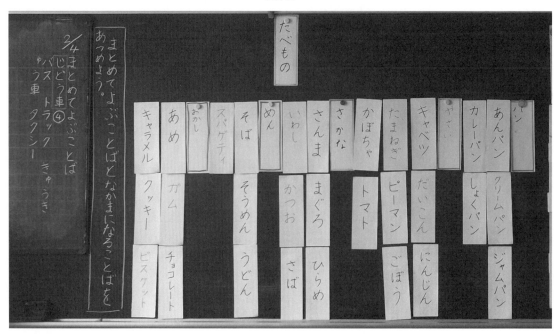

　言葉集めを意欲的にやっている人を紹介して，国語ノートを使い切るほど，進んで取り組む
よう働きかけます。家での自主学習や，まとめの学習の時期に課題が早く終わったときなどの
学習として楽しくできます。1学期は8マスのノート，2学期からは12マスのノートを使わせ
ていますが，1学期ではなかなかノートを使い切れないので，「○のつく言葉集め」や「しり

とり」をして，夏休み中に使
い切るようにしています。保
護者にも通信でやり方を伝え
ます。
　使い切ったノートにはお祝
いのシールを貼り，自分が特
にきれいに書けたと思ったペ
ージを掲げてみんなに見せ，
拍手をもらいます。

あとがき

　1年担任連続7年目が決まり，123人の新1年生を迎えるために忙しい日々を送っていた平成31年春のことです。突然，学校に私宛ての手紙が届きました。明治図書出版の方からです。「小1国語の授業アイテム」についての本を書きませんか，という原稿依頼のお手紙でした。

　青天の霹靂，寝耳に水，なんのことやら，ぴんときませんでした。明治図書さんの本は，今までに何冊も読んで，お世話にはなっていますが，本の原稿なんて書いたことはありません。「はい？　なぜ，私に？」と思いながら，いくつもの入学準備業務をさばく合間に手紙に目を走らせると，どうやら鳥取県小学校教育研究会国語部で平成29年度に私が「峰地新人賞」をいただいた「入門期の児童意欲を引き出す国語教室1年間〜1年生が『やりたい』『できた』と思う楽しい授業をめざして〜」を読んでくださり，それを本に，と言ってくださっているのでした。そもそも，私はどう考えても「新人」と言える歳ではなく，知り合いの誰もが「新人賞」という言葉に笑いを隠せず，いちばん苦笑しているのが私，という受賞だったので，このお話も何かの冗談だろうかと思わずにはいられませんでした。でも，身に余るありがたいお話，受けさせていただきました。もとになる実践論文はあるわけだし，それを整理すればいいのだからなんとかなるだろうという考えがあまりにも甘かったことに気付くのに時間はそうかかりませんでした。「プロット」という本の枠組みに合わせて実践を整理し，ページ数に合わせて原稿を書く仕事は，想像以上に時間のかかることだったのです。でも，書くことが好きな私には，とても楽しい，わくわくする仕事でした。プロの編集者の方にいろいろ教えていただくというのも贅沢で新鮮でエキサイティングな経験でした。この経験から得られた様々な学びと発見を，子どもたちへの指導にどう生かせるか，考えるとまたさらにわくわくしてきます。まずは，「書くことって，楽しいよ！」と伝えたいと思います。

　思いがけなくありがたいお誘いをくださった明治図書出版の大江文武様，あまりの忙しさに手紙をきちんと読んでいなくて，〆切も把握せずに原稿を書いていた頼りない私を根気よく温かく励ましてくださって，本当にありがとうございました。実を言うと，子どもの頃の私の夢は，「先生になること」と，もうひとつ，「本を書くこと」だったのです。夢を叶えてくださったこと，心から感謝しています。編集者って，魔法使いのようなお仕事ですね。なぜ編集者になろうと思われたのか，いつかインタビューさせてください。きっと子どもたちを勇気づけるようなお話が聞けるのではないかと思っています。「峰地新人賞」への応募を勧めてくださった井口恵美子校長先生，1年担任の楽しさと国語の楽しさを教えてくださった舩越晶子先生を始め，支え応援してくださった多くの先生方，一緒に国語を楽しんでくれたたくさんの1年生たち，そしていつも温かく励ましてくれる夫と子どもたちに，心から感謝します。

　2020年1月

吉田　温子

【著者紹介】
吉田　温子（よしだ　あつこ）
鳥取市出身。鳥取大学教育学部卒業。5校目の勤務校である米子市立福米西小学校で，7年連続1年担任を務める。保護者からは「伝説の1年担任」，職員室では「魔法使い」と言われ，1年1組の教室は「温子の部屋」と呼ばれている。平成29年度鳥取県小学校教育研究会国語部会より「峰地新人賞」受賞。平成31年度鳥取県エキスパート教員認定（認定分野国語）。令和元年度文部科学大臣優秀教職員表彰。50周年を迎えるアマチュア劇団「演劇集団あり」で活動。出ずっぱりで膨大な台詞を語る役をいつも任されている。米子こども劇場の存続の危機を憂い，運営委員長を引き受けて約10年。アドラー心理学教員向け自主学習会「Smile. K. クラブ」を約30年維持している。3児の母。声楽をやる夫の歌を聴くのが趣味。

国語科授業サポートBOOKS
「やりたい！」「できた！」がクラスにあふれる
小学1年の国語授業アイテム

2020年2月初版第1刷刊　©著　者　吉　田　温　子
　　　　　　　　　　　発行者　藤　原　光　政
　　　　　　　　　　　発行所　明治図書出版株式会社
　　　　　　　　　　　　　　　http://www.meijitosho.co.jp
　　　　　　　　　　　　　　　（企画・校正）大江文武
　　　　　　　〒114-0023　東京都北区滝野川7-46-1
　　　　　　　振替00160-5-151318　電話03(5907)6702
　　　　　　　ご注文窓口　電話03(5907)6668
＊検印省略　　　　　　　組版所　長野印刷商工株式会社

Printed in Japan　　　　　　ISBN978-4-18-316721-7
もれなくクーポンがもらえる！読者アンケートはこちらから

→